네 나이에 알았더라면
인생이 달라졌을 거야

사랑하는 자녀에게 꼭 전해 주고 싶은 부모의 인생편지

네 나이에 알았더라면 인생이 달라졌을 거야

사랑하는 자녀에게
꼭 전해 주고 싶은
부모의 인생편지

정민규(루카스 제이)

또또규리

차례

프롤로그
사랑하는 자녀에게

부모가 되어 자녀에게 해 주고 싶은 인생에 대한 말들을 한 편 한 편의 편지로 써서 한데 모아 보았습니다. 부모라면 사랑하는 자녀에게 꼭 전해 주고 싶은 '부모의 인생편지'입니다.

우리는 누구나 다 부족한 인간이기에, 깨달아 변화해야 할 것이 늘 많기에 부모로서 과연 내가 잘 살아가고 있는가, 자녀에게 잘하고 있는가 항상 고민하게 될 것입니다.

그럼에도 우리가 부족하다는 것이 자녀에 대한 교육을 게을리하는 이유가 되어서는 결코 안 될 것입니다.

부모가 자녀에게 꼭 남겨 주어야 할 것이 '인생을 아름답고 보람차게 살아갈 삶의 지혜'이므로 저는 이 땅 삶 다하는 날까지 제가 경험하고 배운 것, 도전하며 알게 된 것, 살아 보며 느끼게 된 것들을 자녀에게 말로도 하고 글로도 남기려 합니다.

글은 생각을 충분히 전달할 수 있다는 점에서 유익합니다. 몇 번 읽을 수도 있고 스스로 강조점을 찾아가며 읽을 수도 있지요. 그러니 부모가 자신의 생각이나 마음을 자녀에게 전달하고 싶다면 때로는 짧은 편지라도 쓰는 것이 좋은 소통 방법이 될 것입니다.

이 책은 인생에 대한 자세, 반성과 개선, 자기 통제, 대인관계, 시간관리, 좋은 인생, 잘 사는 인생 등에 관해 부모의 톤으로 자녀들에게 말해 줍니다. 사랑하는 자녀들이 앞으로 인생을 살아가는 데 도움이 되기를 바랍니다.

이 땅 모든 자녀들이 사랑받고 사랑하게 되기를 소망합니다. 아울러 우리 부모들이 자녀와 함께하며 성장하여 시간이 갈수록, 나이가 들수록 더 좋은 부모 되기를 바랍니다.

우리에게 선물로 주어진 이 하루를 자녀들과 기쁨과 감사, 웃음으로 보내게 되기를 바랍니다. 이 책이 그 기쁨과 감사, 웃음의 길에 함께하길.

너만의 멋진 인생을 위하여

To. 소중하고 소중한 엄마 아빠의 분신, 세상 가장 사랑하는 딸에게

왜 그동안 잘 생각지 못했을까. 네가 아빠와 엄마의 사랑의 결정체라는 것을. 너를 소중하게 여기고 또 소중하게 대하려고 나름대로 한다고 하기는 했지만, 내가 부족해서 이런 인식을 마음 깊이 지닌 채로 너에게 온전히 사랑을 주지 않은 것이 못내 미안하구나.

(하지만 우리에게는 앞으로도 사랑을 나눌 많은 기회가 있으니 참 감사한 일이구나. 물론 시간은 화살과 같이 빨리 가는구나. 첫째가 벌써 중2, 둘째는 벌써 초3. 그럼에도 시간은 진실한 자, 부지런한 자에게 풍성히 주어지는 법.)

또한 너는 엄마의 몸에서 생겨나고(너무나 신기하고 신비한 일이다. 무슨 말이 필요하겠니. 너는 하나님이 우리에게 주신 축복 그 자

체다!) 열 달이나 엄마 뱃속에서 길러져서(엄마가 고생이 참 많았다!) 나온 우리의 분신과도 같은 존재라는 것을. 그렇다. 너는 그야말로 아빠와 엄마의 사랑과 결혼생활에 있어 가장 아름다운 결실이자 가장 커다란 행복이다.

분신(分身)
하나의 주체에서 갈라져 나온 것.

사전을 찾아보니 분신이란 정확히 이런 뜻이구나. 참으로 너는 우리의 분신이구나.

그런데 간혹 부모들 가운데는 자녀를 자신의 소유물처럼 여기고 그렇게 자녀를 대하는 이들이 있다.

혹은 자신이 못다 이룬 바나 자신의 콤플렉스를 자녀에게 투영하여 그렇게 자녀를 대하는 부모들도 있지.

사실 이런 부모들이 무지 많단다.

네가 훗날 부모가 된다면 이런 건 부모로서 가장 피해야 할 일이지. 부끄럽지만 나 역시도 그럴 때가 있었단다. 나를 닮았다고, 나를 닮지 않았다고 하면서 하는 부모들의 무지와 편견, 교만과 횡포라고 할까.

그러나, 분명 너는 너만의 특징과 가치를 지닌 고유의 존재란다. 특히 하나님이 네게 주신 성향과 재능이 있지. 앞으로 내가 너를 대할 때는 늘 이 생각을 잊지 않으려고 한다.

그래야만 너의 성향과 취향, 의견과 감정 등을 읽을 수 있고 나눌 수 있을 테니까. 이런 게 진정한 공감일 텐데, 부모인 나는 여전히 공감 초보구나. 끊임없이 인생을 배우고, 내 어린 시절의 경험과 감성을 돌아보며 너를 좀 더 이해해 보도록 노력할게.

그래, 오늘은 짧지만 가장 중요한 이 말만 기억해도 좋다.

너는 엄마와 아빠의 사랑의 결정체이자 세상에서 가장 소중한, 우리의 분신과도 같은 존재란다.

너는 정말 엄마와 아빠에게 뭐라 말할 수 없이 감격스럽고 소중하고 사랑스러운 존재야. 그리고 앞에서도 말했지만 넌 너만의 고유한 특성을 지닌 존재란다. 그래서 나는 너의 인생을 너만의 멋진 인생으로서 존중하고 지지해 줄 거야.

가끔 나의 고집이나 나의 습관이 너에게 잘못된 방향으로 영향을 주려고 할 때마다 네가 주체적인 존재임을 놓치지 말아야겠다. 이건 아마도 세상 부모들, 특히 우리나라 부모들이 가장 신경 쓰고 애써야 할 부분 같다.

From. 네가 있어 행복한 아빠가

매 순간 최선의 나로서

사람이 완벽주의를 가지고 살아가는 경우가 있단다. 그런데 완벽주의는 누구 하나 빠짐없이 부족하고 연약할 수밖에 없는 인간에게는 전혀 어울리지 않는 말이지.

아마도 우리가 겉으로 완벽주의를 표방할 때에는 우리의 마음이 교만해져 있거나 무언가에 대해 합리화를 하거나 해야 하기 때문일 거야.

완벽주의에 얽힌 무슨 생각이나 행동도 결국 자기 자신과 주변 사람들을 힘들게 할 뿐이므로 우리는 그 같은 사람들을 대할 때 긍휼(矜恤: 불쌍히 여김. 가엾게 여겨 돌보아 줌)의 마음과 행동을 잃지 말아야 할 것이다. 완벽주의는 일종의 마음의 병이라고 볼 수 있기 때문이다. 우리가 아픈 사람에게는 안타까운 마음을 품는 것이 당연한 일이겠지.

한마디로 '완벽한 나'란 결코 있을 수 없다. 하지만 '최선의 나'는 있다.

내게 주어진 오늘 하루 동안 최선을 다할 때 그것이 진정 내가 원하는 나의 모습이고, 우리는 그 같은 나의 모습을 '최선의 나'라고 명명할 수 있을 것이다.

물론 사람이 그 자신만의 최선의 수준이 매일매일 나아진다면 가장 바람직하겠지.

그러나 사람이 인생을 살면서 일관되게 좋아질 수는 없기에 이것에 너무 집착해서는 안 될 것이다. 그저 내게 주어진 오늘, 그리고 결국 삶 자체라 할 지금 이 순간 최선을 다하면 될 뿐이다. 자기 자신에 대해서든, 가족과 이웃에 대해서든, 공부나 일에 대해서든 말이다.

그렇다면 무엇이 우리로 하여금 최선의 내가 되게끔 도울까?

바로 '감사'란다. 내게 주어진 시간과 환경에 감사하면서 살 때 우리는 선하고 기쁘게 생활하며 최선의 나로서 살아갈 수 있게 된단다. 그게 감사의 힘이지.

완벽주의를 택할 때 우리는 이미 교만과 불가능의 길을 걷는 것이지만, 최선의 나로서 살겠다고 결단하며 실제로 그렇게 행하면 우리는 겸손과 가능의 길을 걷게 될 것이다.

매사가 그렇더라. 그리고 감사하며 사는 일은 어려운 일이 아니다. 그저 우리에게 주어진 모든 것에 감사하는 거다.

감사하는 마음이 내게 없다면 그것은 단지 내가 그렇게 생각할 뿐인 것이며, 그 손해는 결국 자기 자신에게 돌아오게 되어 있단다.

감사하지 않는 사람은 불평불만을 쏟아낼 것이고, 불평불만은 사람을 결코 좋은 방향으로 인도하지 않기 때문이다. 자신이 하는 일도, 자신이 맺는 관계도 그르치게 하는 것이 불평불만이지. 결국 삶을 그르치는 것이지.

부정적인 시각으로 삶과 사람, 세상을 보면서 인생을 잘 살아갈 수 없지 않겠니.

그러므로 오늘 지금 이 순간 감사함으로 선하고 기쁘게 최선의 나로서 살렴. 그 행복은 이루 말할 수 없단다. 나에게도 이것은 인생의 방향이자 인생의 과제란다.

우리 함께 인생에 대한 감사함을 토대로 설렘과 사랑으로 인생이라는 바다에서 멋지게 헤엄쳐 나가자꾸나.

잘못한 다음엔

내가 살면서 잘못한 일이 좀 많을까.

나 자신에게, 그리고 타인에게 잘못한 것, 일을 잘못한 것, 생활을 잘못한 것, 말을 잘못한 것, 마음을 잘못 쓴 것, 행동을 잘못한 것, 준비를 잘 못한 것, 하루를 잘 보내지 못한 것, 소년기와 청년기를 잘 보내지 못한 것…….

나는 잘못한 것이 무척 많다. 지금도 많은 잘못을 하고 살지. 잘못 생각하고, 잘못 행동하고…….

그런데 달라진 것이 있다면, 이제 중년이 되어 약간의 지혜가 생기다 보니 잘못에 대한 나름의 긍정적인 마음 자세를 가지고 살아가게 되었다는 것이란다.

젊어서는 잘못을 하고 나서는 줄곧 그것에 대해 변명을 하거나 회피를 하거나 합리화를 하거나 했단다. 나의 잘못들에 대해 생각할 때면 지난 시간을 후회도 많이 하고, 다가올 앞날을 걱정도 많이 했다.

'한 번 엎지른 물은 다시 주워 담지 못한다'는 속담이 있지. 이 속담은 두 가지 의미를 내포하고 있다고 생각한다.

하나는, 잘못하면 그걸 다시 바로잡기 힘드니 미리미리 조심하라는 뜻이고, 다른 하나는, 지난 일은 이미 지나간 것이니 과거를 후회할 시간에 차라리 현실을 개선하라는 뜻으로 받아들이게 되는구나.

나의 경우, 이제 잘못을 하게 되면 늘 이 점을 주목한다.

'내가 이 잘못을 통해서 다음에는 꼭 더 나아져야겠다.'

이 잘못이 나에게 주는 교훈을 현재에 깨달아 더 나은 미래를 준비하는 것이지. 다음에 비슷한 상황이 발생했을 때 좋은 선택을 할 수 있도록 말이야. 이것이야말로 경험이 우리에게 주는 가르침이 아니겠니.

물론 유사한 상황이 닥쳤을 때 또다시 잘못을 할 수 있는 것이 인간이지만, 잘못을 통해 자기 삶에 교훈을 얻어 마음의 준비를 해 놓은 사람과 그렇지 않은 사람 사이에는 이미 엄청난 차이가 존재하는 것이다.

전자의 경우 잘못의 크기가 줄어들지 않겠니. 자신의 잘못을 통해 얻은 교훈을 삶에 잘 적용해 나간다면 잘못은 점점 더 줄어들고 이제는 잘못하는 게 아니라 잘하게 되겠지. 부족한 인간이 그렇게 살면서 점점 더, 점점 더 잘 살게 되는 것 아니겠니.

여기서 '점점 더'라는 말에 주목해 주면 좋겠다. 한꺼번에 되지 않더라. 조금씩 조금씩 나아지는 것이지. 잘 사는 것도 욕심을 부리면 안 되나 보다. 인간이 그렇게 단번에, 한꺼번에 나아지고 좋아질 수 없으니 말이야. 우리는 '개선'이라는 인생의 변화에 대해서도 겸손해야 하는 존재인가 보다.

건축물을 보렴. 빨리빨리 지으려고 하면 엉성하게 쌓게 되지만, 차근차근 지으려고 하면 튼튼하게 쌓게 되지. 벽돌 한 장 한 장 사이의 틈을 야무지게 메워 가면서.

'점점 더', '조금씩'은 결국 견고함을 위한 것이구나.

그리고 꼭 당부하고 싶은 것이 있다. 네가 스스로 잘못한 일에 대해 깊이 빠져들지 않으면 좋겠구나. 인간에게 실수와 실패는 성장과 성공을 위한 당연한 과정이니까 말이야.

단, 그것이 마음 깊이 반성할 만할 정도의 잘못이라면 반드시 잘못을 한 그 직후, 늦어도 그 날 안에 반성을 마무리하여 그 잘못을 통해 배울 수 있는 지혜를 마음속에 새겨 놓으렴.

잘못을 통해 얻은 그 같은 지혜가 네 마음속에 켜켜이 쌓이면 점점 더 잘못은 줄어들고 생각도 언행도 더욱 잘하게 될 거야. 이게 긍정적인 사람의 자세겠지. 그렇게 어제보다 오늘 더 나아지는 우리가 되길 소망한다.

너의 기분에 충실하렴

인생을 살 때 자신의 감정을 관리하고 조절하는 것이 매우 중요하단다. 사람이란 연약한 존재라 마치 흔들리는 갈대와도 같아서 하루에도 오만 가지 감정이 드니 자기 감정에 속지도 말아야 하지만, 자기 감정을 무시해서도 안 되지. 그래서 감정 관리와 감정 조절이 쉽지 않은 거겠지.

사람의 기분은 정말이지 하루에도 수십 번, 수백 번씩 바뀌잖니. 나도 그렇고, 주변 사람들도 그렇다. 그러므로 자신과 타인의 기분에 좌지우지되지는 말되, 특히 너 자신의 기분을 읽어내고 다스릴 수는 있어야 한다. 기분이 태도가 되지 않게 하자는 주제로 쓰인 책들이 있는데 정말 맞는 말이다. 자신의 기분에 대해 생각을 할 줄 알아야 한다. 그렇게 생각한 후에 태도를 갖추어야 하지.

특히 우리는 대인관계를 하면서 기분이 왔다 갔다 한다. 실제로 상대방이 나의 기분을 나쁘게 해서 그런 경우도 있고, 내가 혹은 서로가 오해를 해서 그런 경우도 있지.

섬세한 사람들은 다른 사람의 기분에 많이 신경을 쓰고 자기 기분은 잘 못 챙기기도 하는데, 이렇게 되면 언젠가는 그렇게 하면서 쌓인 스트레스가 분출되고 말 거야.

그리고 사실 이건 섬세함이라기보다는 예민함에 가깝다고 볼 수 있지. 진정으로 섬세하다면 자신과 타인을 함께 챙길 줄 알아야 하니까.

세 번 정도 나 자신과 상대방의 입장에 대해 생각해 보았는데도 현재 나의 기분이 합당한 거라면 자신의 기분에 입각해 태도를 취하는 것도 좋다. 상대방에게 화를 낼 필요는 없지만, 단호하게 표현할 필요는 있지. '제가 지금 그런 이야기를 들을 이유가 없는 것 같네요.'와 같은 대사가 중요하단다. 나의 기분을 상대방에게 말해 주는 것이지. 이렇게 말할 때 감정보다는 이성을 사용해야겠지. 사실을 전달한다고 생각하면 좋겠구나.

대인관계에 있어서 내가 항상 상대방 입장만을 생각해 주어야 한다는 것은 늘 좋은 생각만은 아니다. 상대방도 나와 관계를 맺어 가는 와중에 배울 게 있으면 배우고, 고칠 게 있으면 고쳐야지. 다만, 내가 그런 배울 점, 고칠 점을 직접적으로 표현하지는 않더라도 단호하지만 예의 있게 나의 기분을 이성적으로 표현하면 되는 거란다. 아주 간혹 직접적으로 표현해야 하는 경우도 있는데, 이것은 사람이나 사안에 따라 좀 더 깊이 생각해 보고 처신할 문제다.

기분이 상할 때. 이건 사람들이 대인관계에서 가장 어려워하는 부분이지. 그래서 이런 문제를 다룬 책도 엄청 많잖니. 이에 대한 요령은 사람이 자신의 마음속에 옳고 그름에 대한 판단, 서로 다름에 대한 이해가 있을 때 잘 발휘되겠지. 나에게도 이것은 여전히 대인관계에서 가장 힘든 부분이다.

잊지 않았으면 좋겠구나. 너 자신이 소중하다는 것을. 그리고 상대방 역시 소중하다는 것 역시 생각해야겠지.

그리고 네가 상대방에게 좋은 사람이 되고자 한다면 너 자신부터 다스릴 줄 알아야 한다는 것이지.

물론 우리는 상대방의 나에 대한 평가에 의존해서 살아가는 존재가 아니다. 나 스스로 좋은 사람이 되어야겠지. 그래야 정직한 사람일 거다. 남 앞에서는 이렇게 하고, 자기 스스로는 그렇지 않다면 그것은 이중적인 것이니까.

오늘은 기분에 대해서 이야기해 보았구나. 오늘 너의 기분은 어떠니? 아니, 지금 너의 기분은 어떠니? 자신의 기분을 구체적으로 알도록 하자. 그리고 적절한 태도를 취하는 거야. 사람에 맞게, 상황에 맞게.

본질적으로는 너 자신을 소중히 대함으로써 당당함과 담대함으로 너의 기분이 맑고 밝기를 바란다.

　살면서 이런저런 일을 겪다 보면 기분이 왔다 갔다 할 수는 있지만, 자신을 소중히 여김으로써 지니게 되는 당당하고 담대한 그 마음은 늘 너의 중심을 잡아 줄 것이다.

　이 세상 가장 소중한 너의 밝고 맑은 오늘을 위해 기도한다.

"괜찮아!"

너에게 아빠가 가장 많이 쓰는 말 중에 하나가 아닐까 싶구나.

"괜찮아!"

뛰어가다 넘어져도, 컵을 쏟아도, 친구와 트러블이 생겨도, 글씨를 틀려도…….

실수해도, 서툴러도 난 너에게 언제나 "괜찮아!"라고 말해 주고 싶구나. 우리는 언제나 처음 해 보는 것이 많을 테고, 그때마다 우리는 서로에게 "괜찮아"라고 말해 주자꾸나.

그리고 꼭 그때마다 자기가 자기 자신에게 "괜찮아"라고 말해 준다면 실수해도 서툴러도 희망과 용기를 가지고 도전하고 즐길 수 있을 거야.

특히 어리고 젊을 때는 오히려 서투른 것과 실수하는 것을 인생의 자산으로 생각하는 게 좋단다.

서투를 때, 실수할 때 마치 나 자신의 인생 통장에 저축을 하고 있다고 생각하렴. 나 자신에게 투자하고 있는 것이지. 그것은 너의 기업을 일으킬 종잣돈(seed money)과 같은 거란다.

이건 성인이 되어서도 마찬가지야. 우리는 모두 실수투성이잖아. 실수를 통해서 배우고 나아가는 건 좋지만, 실수했다고 위축되지는 말았으면 좋겠구나. 그럴 필요가 없더구나. 그렇게 시간은 속절없이 흘러가 버리더구나. 그렇게 살면 기회를 잡지 못하더라.

힘든 순간에 그 사람이 그걸 딛고 일어나는가 그렇지 않은가를 놓고 요사이 '회복탄력성'이라는 개념을 많이 거론하더구나. 언제나 부족한 인간에게, 내일을 모르는 인생에 가장 필요한 것이 바로 이 회복탄력성이 아닌가 싶다.

이 회복탄력성을 기르는 길이 바로 "괜찮아!"라고 스스로에게 말해 주는 것이다.

단지 실수나 실패를 했을 때뿐 아니라 사는 게 버겁고 지치거나 몸이 아프거나 마음이 아플 때도 "괜찮다, 괜찮다!" 스스로 다독여 주렴.

"괜찮아!"는 위로와 희망과 용기, 배려와 포용과 사랑이 담긴 최고의 긍정적인 말 같구나.

"괜찮아!", 이 말은 너를 나아지게 하고, 너를 낫게 하는 말이란다. 그러니 다른 이에게, 너 자신에게 많이, 자주 사용하렴.

그리고 꼭 기억해 주렴. 나는 언제나 너에게 말해 줄 테니.

"괜찮아!"

이른 아침은 입에 황금을 물고 있다

"이른 아침은 입에 황금을 물고 있다."

시간 관리의 대가, 벤저민 프랭클린의 말이다.

그 누구도 부인할 수 없는 명언 중의 명언이구나.

오늘 아침, 우리 가족의 시간 관리는 어땠을까.

부지런히 기지개를 켜며 일어나, 부지런히 몸을 풀고 씻고, 부지런히 자신의 일과를 시작했을까.

단지 부지런한 것이 아니라 하루에 대한 기대와 설렘 같은 긍정적인 마음가짐을 가져야겠지. 진정한 부지런함은 억지로 하는 것과는 거리가 멀 거야.

바로 아침의 이 하루 출발점에서의 그 사람의 모습이 그 사람의 인생이라면?

아빠는 벌써 47년이라는 시간을 지내 보니 이건 정말 맞는 말이더구나. 아침의 그 사람의 모습이 그 사람의 인생을 보여 준다.

나의 경우에는 프리랜서로 일하다 보니 아침의 중요성을 더더욱 깊이 실감한단다.

남들 출근하는 시간에 일어나서 자신의 일을 할 수 있다는 건 프리랜서의 장점 중의 장점이지.

만약 일찍 일어나서 그날 해야 할 일, 그날 하고 싶은 일을 아침에 많이 해 두었다면 그날 하루는 마음도 편하고 굉장히 생산성 있는 하루로 마감이 된단다. (해야 할 일, 하고 싶은 일, 이렇게 두 가지로 구분해서 계획해 두면 좋다. '해야 할 일'은 책임감으로 하는 것이고, '하고 싶은 일'은 흥미와 유연성이 포함되어 있다. '하고 싶은 일'은 꼭 해야 하는 건 아니지만 내가 좋아하는 일이라든가 앞으로 내 인생을 위해 투자하는 일이 될 거야.)

반대의 경우는?

내 삶을 나태하게 보냈다는 심정으로 반성을 하게 되지. 흘러간 시간을 되돌릴 수 없으니 아깝고 안타까울 뿐이다.

학생의 경우나 직업인의 경우나 다 마찬가지라는 생각이 든다.

아침을 늦게 시작하고 게으르게 움직이면 그 하루는 이미 무척이나 짧아져 있을 거야.

그런데 더 중요한 건 자세의 문제란다.

그날 하루에 대한 그 사람의 자세는 이미 아침에 결정이 나거든.

활기차게 유쾌하고 설레는 마음으로 하루를 시작하는 사람과 그렇지 않은 사람의 차이는 인생 전체를 놓고 보면 어마어마할 것이다.

짧은 인생은 시간의 낭비에 의해 더욱 짧아진다.

- S. 존슨

딱 이 말이 맞다.

시간을 허비한다면 안 그래도 짧은 인생이 더욱더 짧아질 것이다.

인생이 이처럼 축소될 뿐만 아니라 그 인생의 주체인 자기 자신까지 위축되고 말 거야.

자신의 인생을 스스로 개척하고 관리할 수 있다는 자신감이 떨어지니 자존감 하락은 두말할 필요 없이 일어나겠지.

'누구에게나 각자의 인생에는 재능과 기회가 주어져 있다'고 믿는다. 물론 인생의 출발 단계에서부터 경제적, 육체적, 가정적으로 아주 어려운 상황에 처한 이들이 많기에 쉽게 이야기할 수 있는 것은 결코 아니다.

하지만 만약 덜 힘든, 아니면 더 좋은 환경에서 삶을 시작하는 사람들이 이렇게 어려운 이들을 도와준다면 그것이 곧 재능의 나눔, 기회의 나눔이 되지 않을까 싶다.

재능과 기회는 이러한 이유로 우리에게 주어져 있다고 나는 믿는다.

자기 자신만을 위해 재능과 기회를 사용하는 사람은 이기적인 인생을 사는 것이므로 함께 살아가는 세상에서 행복해지기 어렵겠지.

부지런함은 이처럼 나 자신을 위해서뿐만 아니라 타인을 위해서도 중요하단다.

그런데 무작정 부지런만 떨다 보면 인생의 효율이 떨어질 수 있다.

특히 그 시대에 맞는, 그 시대를 위한 나의 재능과 기회가 무엇인지 잘 파악할 필요가 있다.

시대는 변해 가는데 예전 것에 집착하다 보면 부지런하기는 한데 성과는 별로 없는 안타까운 결과가 초래될 수 있기 때문이지. 세상을 잘 읽어야 하고, 그것을 통해 세상을 잘 리드해야 한다. 내가 이 세상에서 무엇을 한다면 세상에 유익을 줄 수 있을지 자신의 재능을 놓고 고민해야겠지. 그러면서 기회를 잡는 거지.

이때 재능은 찬찬히, 차분히 살펴보아야 한다. 특히 경험치가 적은 청소년기, 청년기(20대 초반)에 너무 빨리 자신의 재능에 대해 선을 그을 필요는 없단다. 많은 것이 우리 안에 잠재되어 있으니. 내 가슴이 뛰는 일, 나를 설레게 하는 일, 내가 도전하고 싶게 하는 일은 직접 경험과 간접 경험(독서 등)을 하면서 천천히 찾아가는 것이 좋다. 예전에는 너무 늦게 자신의 재능을 파악하거나, 혹은 늦게까지 자신의 재능을 몰라서 문제였는데 요새는 너무 빨리 자신의 재능에 선을 그어서 문제인 것 같다.

나의 경우에도 이것이 늘 고민이다.

나는 집필과 번역과 편집이 일인 사람인데 출판업이라는 것이 사양 산업으로 된 지가 이미 오래거든.

무려 지금으로부터 20여 년 전부터 들려오던 소리란다.

출판업은 세상에서 아주 중요한 업이지만 이처럼 사람들에게 크게 외면을 받고 있지.

그 자리를 대신 차지한 것이 과거에는 TV나 오락실이더니 이제는 온라인의 확장으로 유튜브, SNS, 게임, 웹툰 같은 것들이 책을 밀어내고 있구나.

한마디로 이미지가 텍스트를 밀어낸 것이지. 다양한 동영상의 힘으로 무장한 유튜브나 틱톡 같은 게 콘텐츠 시장을 장악했잖니.

이런 시장 환경에서 나는 무엇을 해야 할까. 나는 이 고민을 멈추지 말아야 한다.

어려운 고민이지만 계속 고민해야 한다.

이런 고민을 꾸준히 하다 보면 내가 해야 할 것들을 계속해서 찾아 나서게 되고 그러면서 나의 몸과 마음이 더 부지런히 나의 일을 위해 움직여지게 될 것이다.

물론 이때 제일 중요한 것!

목적의식과 목표를 꼭 가져야 하지. 그리고 그 목적의식과 목표를 늘 잊지 말아야 하지. 나침반 없이 바다를 항해할 수는 없으니. (목적의식은 사명감과 같은 것이다. '내가 이 세상을 위해 무엇을 할 것인가' 하는 것이지. 목표는 '그 목적의식을 이루기 위해 내가 달성해야 할 구체적인 일들'이고.)

그리고 시간은 무턱대고 많이 많이 쓰겠다고 해서 쓸 수 있는 건 아니더구나.

일단 사람 몸이 그렇게 시간을 마구 쓸 수 있는 형편이 못 된다.

일할 때 일하고 쉴 때 쉬고, 혼자 있을 때 혼자 있고 함께 있을 때 함께 있고, 그렇게 해야 시간을 선용할 수 있단다.

그러니 예를 들어 50분 일했으면 10분을 쉬고, 하루 업무 시간 동안 일에 충실했으면 가족이나 친구와 나머지 시간을 즐겁게 보내는 것이다. 쉬기도 하고 말이다. 네게 공부와 휴식 시간을 설정하여 울리도록 한 타이머를 선물한 것도 이렇게 시간을 효율적으로 쓰자는 의미지.

이렇게 하지 않으면 우리가 하루에 무의미하게 흘려보낸 그 짧은 시간들이 모여 큼지막한 산을 이루게 될 것이다. '티끌 모아 태산'은 인생의 원리다. 인생은 축적성이라는 특징을 띠거든. 좋지 않은 것이 축적되면서 더욱 큰 화를 부르고, 좋은 것이 축적되면서 더 폭넓은 선을 이루지. 작금에 사람들 사이에 많이 쓰는 '선한 영향력'이라는 것은 이렇게 하루하루 좋은 일을 축적할 때에 발휘되는 것이지. 오늘 내가 더 축적하면 선한 영향력은 더 커진단다.

공부하고 일하는 시간만이 중요한 시간이 아니다. 휴식 역시 금 같은 시간이다.

그래서 최근에 그렇게 바삐 돌아가는 우리나라에서도 워라밸(work-life balance, '워크라이프 밸런스'를 줄여 이르는 말로, 일과 개인의 삶 사이의 균형을 의미함)을 차츰 중시하고 있지 않니.

특히나 일과가 바쁘게 돌아갈수록 휴식 시간은 철저히 챙겨야 한다. 그래야 몸이 축나지 않아.

일 중독자나, 다른 사람 시선이나 평가를 신경 쓰는 사람일수록 휴식을 제때 취하지 못하여 결국 몸이 상해 버리고 만다.

한번 나빠진 몸은 되돌리기가 힘드니 명심하길 바란다.

더구나 몸만 상하는 게 아니라 마음까지 피폐해질 수 있으니 휴식에 대해서만큼은 '내가 잘 쉬고 있나' 틈틈이 살피면서 각별히 유의할 일이다.

　요즘은 스마트폰을 손에서 놓지 않고 눈에서 떼지 않아 사람들이 휴식을 잘 못 취하고 있는데, 이건 단지 눈과 목만 힘들게 하는 게 아니다. 진정한 삶의 시간들을 놓치는 일이다. 공부할 게 많고, 할 일이 많은데 스마트폰이 공부에, 일에 적이 되어서는 안 된다. 사실 스마트폰이 적이 아니고 그것에 중독된 나의 마음과 행동이 적이지.

　스마트폰은 가족과 친구, 그리고 이웃과 나의 마음을 나누는 데까지 가장 큰 방해물이 되고 있는 것이 요즘의 사회적, 개인적 현실이니 스마트폰의 노예가 아닌 주인이 되도록 마음 관리, 행동 관리를 잘해야 할 것이다. 나 역시 매일 스마트폰의 주인이 되고자 하고 있단다.

　(스티브 잡스가 본인이 스마트폰과 패드를 만들어 놓고 자기 자녀들이 사용하는 것은 엄격하게 제한했었다고 하는구나. 첨단 제품과 서비스를 개발하는 미국의 실리콘밸리 기업인들 역시 자녀들의 스마트 기기 사용에 엄격한 제한을 둔단다. 왜 그럴까? 제품과 서비스를 개발한 본인들이 그 해악을 가장 잘 알기 때문이지. 어려서 스마트폰에 과다 노출되면 창의적 사고를 담당하는 뇌 기능이 떨어지고 충동

성이 높아진다고 하는구나. 특히 스마트폰에서 보게 되는 콘텐츠들은 사람을 단순하게 하고 생각을 하지 않도록 만들지. 이런 이유로 지나친 스마트폰 사용이 결국 사람의 전체 인생에 걸쳐 악영향을 미칠 수 있는 거란다.)

사람은 숨도 깊게 쉬고, 쉼도 편히 해야 그로부터 에너지를 얻어 살아갈 수 있는 존재다.

그러니 힘들 때는 오히려 심호흡도 크게 하고, 아무리 바빠도 쉴 때는 편하게 푹 쉬는 습관을 만들어 보렴. 여유를 갖고 휴식을 하는 이런 지혜로운 습관은 네 인생을 힘차게 이끌어 주는 큰 자산이 될 것이다.

30분 공부나 일을 했으면 스트레칭도 꼭 해 주고. 그래야 몸이 뻣뻣해지지 않는다.

몸이 유연한 사람이 마음도 유연할 수 있다는 것을 잊지 말기 바란다.

사실 마음이 유연하니 그렇게 시간 관리를 잘하는 것이기도 하겠지.

몸과 마음은 떼려야 뗄 수 없는 관계잖니. 마음이나 몸이나 유연해야 그 사람의 인생이 편안하고 평안하고 평화롭단다.

머리는 쭈뼛 세우고 어깨는 빠짝 긴장하고 있으면 될 일도 잘 안 된다.

머리는 가볍게, 어깨는 힘 빼고 살기를 정말 정말 바란다. 나의 경우 어리고 젊었을 때 그렇게 하지 않아 습관이 안 되어 아직도 훈련 중이란다.

오늘은 시간에 관한 명언과 함께 시간 관리에 대해 말해 보았구나.

다음의 두 명언에 매일 나 자신을 비추어 보면 어떨까.

승자는 시간을 관리하고, 패자는 시간에 이끌려 산다.

- J. 하비스

변명 중에서 가장 어리석은 변명이 '시간이 없어서'라는 변명이다.

- 에디슨

(에디슨은 평생 1,084개의 특허를 취득했는데, 사실 발명보다는 실용화, 상용화에 탁월한 인물이었다. 상업화의 달인인 셈이지. 이것은 시간을 아껴 쓴 덕분이다. 그런데 에디슨은 낮잠 마니아였다. 특히 문제가 잘 안 풀리거나 아이디어가 잘 안 떠오를 때 낮잠을 잤다는구나. 바로 이 낮잠이 에디슨의 창의력을 높여 주었다. 이것은 연구 결과 확인된 바다. 프랑스 국립보건의료연구원 과학자들이 수면과 각성 상태의 중간 지점에 해당하는 이 낮잠 시간이 문제 해결 능력을 높여 준다는 것을 실험을 통해 확인했단다. 낮잠은 20분에서 30분 정도 자면

좋은데, 꼭 낮잠이 아니더라도 중간중간 한 번 심호흡을 하거나, 잠깐 눈만 감거나, 잠시 누워 있기만 해도 창의력과 문제 해결력을 키우는 휴식의 효과를 볼 수 있단다.)

마음의 토대, 인생의 터전

도박중독에 관한 책을 편집 중이란다. 예전에도 중독이라는 문제에 관심이 많았기 때문에 더더욱 가까이하는 마음으로 일을 하게 되는구나.

나의 경우 어른이 되어 가면서 사람이 불안하면 무언가에 집착하게 되고 그것이 중독으로 향하게 되는 그 과정에 대해 종종 생각해 보게 되더구나.

어쩌면 어른이 어른이라 말하기 힘든, 편협하고 일방적인 꼰대가 되는 이유는, 그것이 물질이든 태도든 행위든 중독이 되어서 그런 거라고 보아도 괜찮을 듯싶다. (물론 이건 중독의 범위를 굉장히 넓혀서 본 것이겠지만.) 중독은 일종의 우상이라고 보아도 좋을 것이다. 이러한 인식부터 하는 것이 변화의 출발점이더구나.

물론 중독은 보통 그 대상이 명확하게 있을 때 중독이라고 하지. 알코올중독, 니코틴중독, 쇼핑중독, 인터넷중독, 스마트폰 중독, 도박중독, 게임중독 등등 자본주의 사회가 고도화되고 기술이 발전할수록 중독의 종류는 많아지고, 양상은 심해지는 것 같구나.

(강박은 중독과는 많이 다르다고 볼 수도 있지만, 이 역시 중독의 범주로 넣을 수도 있지 않을까 싶구나. '얽매임'이라는 것을 한데 놓고 본다면 말이지. 사람들은 대부분 강박적 사고와 강박적 행동을 몇 가지씩 갖고 있지. 과한 정리벽이라든가 하는 것일 텐데 지나친 강박은 좋지 않다. 그것이 일상생활에 큰 영향을 주는가, 피곤한데도 하고 있는가를 보면 강박이 심한지 안 심한지 알 수 있단다.)

이 글을 쓰는 지금은 코로나19 바이러스로 너희와 여행도 못 가고 외출도 제한적으로 하게 된 지 벌써 반 년째구나. 그 와중에 주로 집에만 있는 사람들이 도박에 빠지게 되었다는 뉴스가 나오고 있구나. 특히 스마트폰을 잘못 사용하고 있는 거지. 스마트폰이 등장하면서 청소년들이 더욱더 휴대폰을 손에 쥐고 다니게 되었다. 그로 인해 게임중독, SNS중독 같은 게 심화되더니 몇 년 사이에는 급기야 게임에서 도박으로 뻗어 나가는 형국이라 개인적으로뿐 아니라 사회적으로 상당히 문제가 커질 것으로 예상되고 있단다. (내가 편집하고 있다는 그 도박중독 책의 공저자 중 한 분인 정신건강의학과 의사 신영철 님을 편집 시작 전에 만나 뵈었는데 앞으로는 '주식중독'이 엄청난 사회적 문제가 될 거라고 보시더구나. 한국에서는 주식이 도박처럼 이루어지기 때문이란다. 편

집을 마친 이 책은 <어쩌다 도박>이라는 타이틀로 출간되었다.)

　도박중독 책을 편집하면서 참으로 크게 공감하고 있는 내용이 있다. 중독된 것을 하지 않는 시간에 무엇을 하느냐가 정말 정말 중요하다는 내용이었다. '중독되었던 그 대상에 대한 생각과 행동을 하지 않는 바로 그 시간에 나는 무엇을 하고 있는가', 이에 대한 대답을 제대로 하지 못한다면 "인생이 변화되었다", "삶이 나아졌다"고 말하기 어렵겠지.

　어려서 받았던 상처라든지 비뚤어진 자존심 같은 것 때문에 무언가에 빠지게 되는 경우도 있는데, 이런 경우는 상당히 안타깝게 생각이 된다. 나의 경우에도 이런저런(게임이나 니코틴 같은) 것들에 중독된 적이 있는데 중독이란 결국 자신감과 자존감을 떨어뜨리게 되어 있더구나. 인생을 보람차게 살아갈 수가 없지. 시간을 허비하고 에너지를 허비하게 된단다. 무언가에 얽매여서 자유롭게 사고하고 행동하지 못할 때 인간은 노예처럼 일상을 그 중독 대상에 헌납하게 되지. 아빠는 담배를 끊고 게임을 거의 하지 않으면서 일상의 자유를 마음껏 누리고 있다. 너희에게 가끔 말해 주었지만 중독을 일으키는 것들은 아예 하지 않는 게 좋다. 담배 같은 것이지. 게임의 경우는 유해하지 않은 것을 골라 가끔 하면서 노는 건 괜찮다. 다만 언제까지 할지 시간을 정해 놓고 해야겠지. 게임에 대해서도 이런 나의 생각을 가끔 이야기해 주었지. 게임을 하기 전에 15분 타이머를 맞추어 놓고 타이머가 울리면 게임을 그만하는, 즉 게임의 주인, 시간의 주인이 된 너의 모습을 보면서 흐뭇해한단다. 스마트폰은 15분 넘게 하면 정신에도 목에도 좋지 않은 것 같다. 그래서 나도 15분 타이머 설정을 해 놓고 사용하곤 한다.)

문명은 발달한다는데 물질중독, 행위중독 같은 건 갈수록 심해지고 있다. 우리가 인생의 참된 기쁨을 어디서 찾을지를 모르기 때문에 발생하는 현상으로 보인다.

서로가 서로를 비교하고, 또 타인의 평가에 신경 쓰느라 참된 자기 자신으로서 살아가지 못하는 현실은 너무나 안타깝다. 사람이란 언제나 이런 비교와 평가의 늪에 휘말릴 수 있으니 참으로 경계하고 유의해야 할 일이다. 이런 비교와 평가에 눈이 멀어 그에 중독이 될 수도 있다는 사실을 유념해야 할 것이다. SNS를 잘못 사용해도 이렇게 될 수 있다.

가끔 예스24에서 도서를 구매할 때 월간 <채널 예스>를 그간 모은 포인트로 구매하여 책과 함께 받는 경우가 있는데 2020년 6월호에 강화길 작가의 인터뷰 중에 어른에 대해 말하는 내용이 마음 깊이 와 닿았다.

아래 인터뷰 내용을 그대로 옮긴다.

인터뷰어(엄지혜 기자): <화이트 호스>에 "타인에 대한 판단을 끝낸 사람에게는 이런저런 설명을 해봤자 아무 소용이 없다는 걸 나는 알고 있었다"는 문장이 나와요. 그리고 <서우>에도 비슷한 이야기가 나옵니다. "사람에 대한 선입견이 한번 생기면 거기서 벗어나기가 어렵다는 걸 알게 되었기 때문이다." 저는 두 문장이 크게 와닿더라고요. 두 작품 모두 2018년에 발표한 소설이니 이 시기에 작가님이 많이 생각한 문제가 아니었나 싶었어요.

인터뷰이(강화길 소설가): 제 삶에 대한 고민이었을 거예요. 유독 여성들만 처하는 상황들이 있잖아요? 제가 관심이 많기 때문이기도 하지만, 여성들에게 갖는 편견이 너무나 부조리해서 생각이 많았던 것 같아요. 요즘은 아름답게 나이 드는 일에 대해 생각을 많이 하는데요. 자신은 없어요. 하지만 진짜 어른이라면, 내 생각이 틀렸을 때 인정할 수 있지 않을까? 다른 사람에게 어떤 태도들을 배울 수 있어야 진짜 어른이 아닌가 싶어요. 아마도 이런 생각을 하게 된 건, 생각보다 진짜 어른이 많지 않기 때문일 거예요. 그런 기회를 못 갖는 것 같기도 하고요.

이 인터뷰 대목을 보고 나 자신을 돌아보았다. 스스로에게 물어보았다. '나는 어른인가?' 자신 있게 답하기 어렵더구나. 나에게 있는 편견의 사고와 행위들 때문이다. 나의 잘못을 순순히 인정하고 나보다 나은 이들의 태도를 배우려 했는가? 그렇지 않았던 나의 모습들을 생각하면 나 자신이 어른이라고 보기 어렵겠더구나. (어찌 보면 어른이라는 개념은 한 번 어른이 되면 쭉 어른인 게 아니라 어른다운 사고와 행동을 지속하는 만큼 어른이라 할 수 있나 보다.)

세상의 편견에 개의치 않고 자유로이 사고하고 행동할 수 있는 사람.
인간과 직업에 대해 편견을 가지지 않고 자신에 대해, 자신이 하는 일에 대해 개선해 나갈 수 있는 사람.
변화하고 있는 사람, 성숙해지고 있는 사람.

이런 사람이 어른일 것이다. 이러지 못한 채 만약 특정 사고와 행동에 중독되어 있다면 변화와 성숙이라는 가능성의 문은 많이 닫혀 있을 수 있겠지.

결국 자기가 찾아 나서야 하는 것이더구나. 변화와 성숙의 길은. 그런 사람에게는 기회가 온다. 사람을 만나고, 일을 만나게 되지. 이것은 내가 앞으로 성실하게 찾아 나가야 할 길이기도 하고.

일단 학교 동년배든 선후배든 직장 상사든 후배든 이웃이든 친구든 나보다 나은 사람을 만나는 것이 중요하다. 배울 게 있는 사람들과 만나는 시간은 참으로 소중하고 각별하지. 서로가 진솔하게 마음을 터놓을 수 있는 사람들 사이에서 얻는 배움은 이 세상에서 서로 어울리고 더불어 살아가는 사람살이에서 가장 큰 기쁨일 것이다.

물론 아무리 편한 사이라도 우리는 서로에 대한 예의와 배려를 놓치지 말아야겠지. 내가 지켜야 할 선은 무엇인지를 늘 인식하고 있어야 한다. 인간관계라는 것도 그래서 거리 두기가 중요하단다. '선의의 거리 두기'를 잘하는 것은 인간관계에 있어서 탁월하고 필수적인 지혜로 생각된다. 대인관계를 하면서 남의 시선에 좌우되지 않는 것도 매우 중요하고. 너의 독립성, 주체성을 늘 가지고 만남을 갖는 거란다.

중독에 대해 이야기하면서 어른에 대해서, 관계에 대해서 좀 더 이야기를 하게 되었구나. 모두 자유에 대한 이야기라고 볼 수 있겠다. 물질과 행위로부터의 자유, 타인의 시선과 평가로부터의 자유.

자유롭게 사고하고 행동할 수 있다는 것은 인생에서 어마어마한 축복이라고 생각한다. 특히 사람이 불안이라는 것으로부터 자유로울 수 있는 것은 인생의 의미와 목적을 알 때 가능하다고 믿는다. 나 자신을 사랑하고 이 땅에 함께 사는 이들을 사랑하는 그 '사랑의 마음으로 인해 우리는 자유로울 수 있다'고 나는 믿는다.

사람에게는 불안도 스트레스도 있을 수 있고, 언제든 생길 수 있지만 이러한 '사랑의 마음'의 토대가 사람 인생의 터전이 되어 준다면 두려울 게 뭐가 있겠니. 결국 사랑에 늘 해답이 있음을 매 순간 절절히 느낀다. 이걸 몰라서, 이걸 알고도 잊어서, 이걸 알고도 행하지 않아서 인생을 돌아 돌아 헛되게 살아가는 일을 이제는 하지 말아야겠구나.

중독이라는 것도 참된 치유는 이러한 사랑을 알고 행할 때 넉넉히 가능하리라는 믿음이다. 너의 인생길 위에서 이처럼 사랑 안에서 자유를 만끽하며 너의 은사를 발휘하길 바란다. 나의 마음 다해 너의 모든 시간을 응원한다! 사랑하고 또 사랑한다!

강강약약의 길

사람 마음이 참 무섭다. (사람의 마음이란 것이 관리를 잘해야 한다는 얘기지, 사람이 무섭다는 말이 아니다. 사람은 두려워할 대상이 아니라 사랑할 대상이지. 나 자신이건 내 이웃이건) 나한테 자세를 낮추어 대해 주는 사람에게는 처음엔 그러지 않았다가도 '아, 저 사람은 으레 저렇게 날 보면 자기 자신을 낮추어 대하겠지.' 하게 된다.

결국 상대방의 호의와 상대방이 제공해 주는 편의에 대해 '저 사람만큼은 나에게 잘해 주어야 한다'는 자신의 생각이 당연하다고 여기기에 이른다. 이쯤 되면 문제가 너무나 심각하다. 교만이 올라갈 데까지 올라간 상태다.

이럴 때 사람 마음이 참 간사하다는 생각이 든다. 왜 자신에게 잘해 주는 사람에게 오히려 더 교만하게 구는 것일까? 그럴수록 자신도 잘해 주어야 하는 것 아닌가?

나에게도 가끔 이런 생각, 이런 모습이 나올 때 깜짝깜짝 놀란다. '사람 마음 참 무섭다'라는 생각이 들면서.

반대로 나에게 말이나 행동을 막 하는 사람에게는 오히려 눈치를 보게 된다. [어쩌면 가스라이팅(gaslighting: 타인의 심리나 상황을 교묘하게 조작해 그 사람이 스스로를 의심하게 만듦으로써 타인에 대한 지배력을 강화하는 행위 – 네이버 지식백과)은 이러한 인간의 속성을 이용한 것 같구나.]

사회에는 갑을 관계라는 것이 많이 있어서 특히 을은 갑의 눈치를 많이 보게 되지. 우리나라는 특히나 강자에게 약하고, 약자에게 강한, 수준 낮은 문화가 오래 이어져 왔지만 근래에 조금씩 변화되고 있는 조짐이 보이는구나. 남녀 간에서도 마찬가지로 약간씩 변화되고 있다. 분별 없는 차별이 사라져 가길 간절히 바란다.

나 역시도 강강약약, 즉 강자에게 강하고 약자에게 약한 자세를 잘 취하지 않고 살아왔으니 참으로 부끄럽구나. 그만큼 사람과 세상을 두려워했다고 보아야겠지. 권력 때문에, 돈 때문에 이렇게 될 때 사람의 마음은 참으로 비참해진다.

사회생활에서뿐이겠니. 가정에서 이런 심정으로 살아가게 된다면 정말 암담하고 참담한 거란다. 이런 일이 실제로 가정과 사회에서 일어나고 있으니 정말로 엄청난 개선을 요하는 현실 속에서 우리는 살아가고 있다.

특히 한국은 나이 따지고 서열 따지고 상하 관계 매기고 계층, 등수 매기면서 다양한 유형의 차별이 행해지는 곳이다. 다른 나라도 이런 경우가 있겠지만 한국은 이런 면에서는 여전히 선진적이지 않지.

우리나라가 진정한 의미의 선진국이 되려면 우리는 지금보다 훨씬 더 수평적으로 되어야 할 것이다. 존댓말은 사람 사이를 가르는 높다란 장벽이 되기도 한다. 존댓말의 유익함에 대해서 말하는 사람들이 많지만, 글쎄 나는 굉장히 문제를 많이 일으키고, 잘못 사용되었던, 대표적인 차별의 요인이라고 생각한다. 물론 존댓말을 통해서 서로를 존중하는 인식과 태도, 행동이 발현된다면 정말 좋겠지. 본질적으로는 말 자체보다는 인식과 태도, 행동이 중요하지.

서로 이름을 부르면서 각자 수평적으로 의견을 말하는 것이 가능해진다면 정말 좋을 것이다. 요즘 회사들은 "이름 님"이라는 호칭을 쓰도록 하는 곳이 많이 늘기는 했지. 그러나 앞에서 말했듯 중요한 건 인식과 태도, 행동이지. 말만 잘한다고 관계가 좋아지는 건 아니니까.

강강약약이라는 건 인간관계에서 기본적인 마음가짐이라고 생각하면 될 것이다. 오해는 말자. 강자와 꼭 부딪쳐야 하고, 약자에게는 늘 잘해 주어야 한다는 뜻은 아니다. 이건 사람에 따라, 경우에 따라, 환경에 따라 그에 맞게끔 해야 할 것이다. 이런 걸 잘하는 게 인간관계의 지혜겠지.

물론 가장 중요한 건 자기 자신에게 당당한 것이겠지. 그러려면 스스로 바른 생각을 가지고 바른 선택을 하고자 해야 할 테고.

강강약약의 길은 무엇이겠니?

그렇다. 강강약약의 길은 오직 사랑뿐이다. 강자에게건 약자에게건 언제나 사랑이 전제되어야 한다는 걸 깨닫게 된다. 앞에서 말한 <어쩌다 도박>을 편집하면서 도박중독자에 대한 가족의 태도와 관련해 터프 러브(tough love)와 소프트 러브(soft love)에 대해 배우게 되었다. 어쩌면 강강약약에서 강강은 터프 러브, 약약은 소프트 러브일 것이다.

우리가 함께 살아간다는 것은 서로가 함께하여 나아지기 위함일 것이다. 이때 누군가에게는 터프 러브가 필요하고, 누군가에게는 소프트 러브가 필요하다. 혹은 똑같은 한 개인이라도 이때는 터프 러브, 저때는 소프트 러브가 필요할 것이다. 부모의 자녀 양육이라든지, 선생의 학생 교육에서 이를 우리는 보지 않니.

나의 경우 너무나 부족하고 무지하고 어리석어 사는 동안 평생 사랑을 배워야 한다는 생각이다.

사랑이란 무엇일까?

> 사랑은 오래 참고 사랑은 온유하며 투기하는 자가 되지 아니하며 사랑은 자랑하지 아니하며 교만하지 아니하며 무례히 행치 아니하며 자기의 유익을 구치 아니하며 성내지 아니하며 악한 것을 생각지 아니하며 불의를 기뻐하지 아니하며 진리와 함께 기뻐하고 모든 것을 참으며 모든 것을 믿으며 모든 것을 바라며 모든 것을 견디느니라
>
> - 성경 고린도전서 13장 4~7절

사랑은 참으로 위대한 것이다. 사랑은 정말로 대단한 것이다. 강강약약은 훌륭한 지혜이고 바람직한 삶의 태도이고 방식이지만, 그것이 사랑이 없이 이루어진다면 그것은 정말 아무것도 아닌 게 된다. 아니, 하지 않음만 못하게 될 것이다.

강강약약의 길은 사랑 없이는 어렵지만, 사랑이 있으면 쉬울 것이다. 사랑은 타인에 대한 관용과 긍휼, 위로를 가능케 하니까.

부끄럽지만 나는 이제야 그 길을 향해 나서고 있다.

감사의 기적

오늘은 '감사의 기적'에 대해 말해 보고 싶구나.

내가 이 기적을 몸소 체험했거든. 지금도 체험하고 있고. 세상은 우리가 바라보는 관점에 따라 전혀 달리 보이더구나.

내가 모난 마음으로 보면 모난 인생을 살게 되지만, 둥근 마음으로 살면 둥근 인생을 살게 된다. 사람은 자기 가치관에 따라 살게 되어 있으니까 그렇겠지.

모난 마음이란 뭘까?

불평하고 비판하는 마음일 거야.

둥근 마음은?

감사하고 배려하는 마음.

감사는 사람의 마음을 완전히 뒤바꾸어 놓게 된다.

동일한 일을 겪어도 마음먹기 나름인 거지. 이때 감사를 선택한 사람의 인생은 설령 궂은일을 경험할 때도 반전(反轉), 전화위복(轉禍爲福)의 놀라운 체험을 하게 된단다.

내게도 이런 적이 참 많단다.

내가 생각이나 경험이 짧았어도 감사를 기반으로 선택을 했을 때 일단 내 마음이 평안하고 일이 잘 풀리더구나. 특히 사람과의 관계가 좋아진다. 서로가 시너지를 내게 된단다. 사람 사이에서는 이게 아주아주 중요하잖니.

나는 사랑하는 나의 자녀들이 감사를 통한 이런 인생 반전의 역사를 써 나가는 '감사의 사람'이 되면 좋겠구나.

나는 아예 '감사 효과'라는 말이 심리학 같은 분야에서 전문 용어화되어 널리 퍼지면 좋겠다는 생각도 든다. 영어로는 간단히 Thanks effect라고 하면 좋겠구나. 이건 분명 인류 역사에서 중대한 연구 가치가 있는 주제일 거야.

"고맙습니다."

"감사합니다."

이 말을 입에 달고 사는 삶이 좋은 삶, 복된 삶이다.

내가 입 밖에 내는 감사의 말이 사람의 마음을 울리고 일을 성사시켜 나간단다.

나는 프리랜서라 거래처 대표님들과 소통을 하며 지내는데 며칠 전에는 한 출판사 대표님이 "납품하듯이 일하면 안 돼요" 하시더라.

'아, 중요한 말이다!' 싶더라. 감사하는 마음으로 진심을 담아서 일을 해야 하는데, 사람이 바쁘다고 지친다고 딴맘을 먹게 되는 일이 있게 마련이잖니. 그 대표님의 저 말은 "감사하며 일하면 돼요"로 바꾸면 좋겠다. 감사는 진심과 한 쌍을 이루니까. 그때 비로소 일다운 일, 대화다운 대화를 할 수 있겠지. 마음을 주고받으며.

두말할 나위 없이 이때 감사의 말은 진심에서 우러나와야겠지.

감사는 허위로 나올 수 있는 게 아니기도 하고.

억지로 하는 가짜 감사는 안 하는 것만도 못하지.

책을 만드는 나는 디자이너 분들과 협업을 하는데, 이분들이 해 주는 말, 하는 일에 대해서 꼭 감사하다는 말씀을 해 드린다. 이것은 같이 일하는 사람에 대한 예의이기도 하고, 그 사람이 내는 의견, 그 사람이 하는 일에 대한 존중의 표시이기도 하지.

우리가 살아가는 삶의 현장에서, 우리가 생활하고 일하는 모든 곳에서 우리를 도와주고 계신 분들이 있지.

개미들이 함께 식량을 나르듯이 인간들도 각자의 재능을 사용하면서 함께 살아가고 있지 않니. 우리가 이런 걸 잊으면 안 될 거야.

함께할 때 서로가 빛이 나는 법이지. 그리고 우리가 함께 잘 살려고 사는 거지, 나만 잘 사는 건 없단다. (교과서처럼 표현됐지만, 이 말은 그냥 사실 그 자체다. 사람은 함께 나누고 누리며 성장하고 성숙해지는 존재니까.)

이기적으로 사는 사람은 결국 궁핍한 마음, 궁색한 마음, 얄팍한 마음, 얄궂은 마음을 가진 채로 살아가게 마련이란다.

스스로 제 발등을 찍는 거지. 그런데 자기 발등만 찍는 게 아니란 게 심각한 거다. 남에게도 상처를 주고 본인도 상처를 입는 거란다.

하루를 마감하며 그날 감사했던 사람, 감사했던 상황을 떠올리며 다시 한번 감사하는 마음을 가져 보는 것도 좋겠구나.

아예 감사노트를 만들어서 매일 기록하는 사람들도 있던데, 그런 감사노트가 사람의 인생에 미치는 영향이 대단하다더구나. 나는 가끔 일기를 쓰고 싶을 때 짧게 몇 줄 쓰곤 하는데, 이때 감사했던 것을 적기도 한단다.

책 중에는 '감사'만을 다룬 책도 많다. 그만큼 감사는 소중히 다루어야 할 주제지. 나도 나중에 감사에 대한 책을 써 보고 싶구나. 감사가 나의 인생을 바꾸었으니.

내게 살면서 가장 감사하는 일은 너희 엄마이자 나의 아내인 평생의 동반자를 보내 주신 것, 그리고 사랑스러운 너희를 자녀로 보내 주신 것이다.

그리고 나에게 일을 주신 것, 건강을 주신 것, 먹고살게 해 주시는 것, 웃게 해 주시는 것, 좋은 이웃과 좋은 일터를 주시는 것······.

너무 많구나. 그래서 성경에 "범사(凡事: 모든 일)에 감사하라"고 쓰여 있구나. 감사의 순위를 매긴다기보다 그저 모든 것에 감사하다. 나의 인생이 감사하고 우리 가족이 함께하는 것이 감사하다.

이렇게 우리 인생은 감사드릴 것으로 온통 채워져 있으니 우리는 매사에 감사하는 마음을 가져야겠지. 그중에서도 하루 세 번 식사할 때 우리가 하나님이 주신 일용할 양식에 대해 감사기도를 올리는 것부터 하면 좋을 것이다. 음식이 나오기까지 수고해 주신 분들에게도 감사하면서.

피조물인 우리는 이 땅에 살게 해 주시고, 사람들이 더불어 함께 살게 해 주시고, 각자에게 은사를 주셔서 서로를 위해 일하게 해 주신 것에 감사해야겠지.

그러니, 우리 오직 감사함으로 살자꾸나. 지금 이 순간도 나는 감사 효과, 감사의 기적을 감격하며 누리고 있단다. 우리 함께 그 감격을 나누고 누리자꾸나.

수준 있게 살자

너희에게는 외할머니, 내게는 장모님이신 정나비 님이 여러 번, 수차례 강조해서 말씀해 주신 이야기다.

"사람은 말이 통해야 하는 거야. 수준이 맞아야 이야기를 하지."

대사도 거의 같으시다. 들을 때마다 정말 중요한 얘기로 들린다.

이 말씀을 들으면 '아, 내가 장모님 수준에 맞아야 하는데' 아찔한 기분이 좀 들기도 하고, '내 수준을 끌어올려야 하는데, 내가 말이 통해야 하는데' 하는 건설적 반성도 하게 되고 그런다.

사람이 나이가 느는 만큼 수준이 자연히 높아지면 좀 좋겠니.

그런데 인간의 수준이란 시간에 기댄 것이 아닌 온전히 마음의 문제더구나.

마음의 수준을 올리는 몇 가지 지혜가 떠올라서 전해 본다.

첫째, 글로 쓰고 싶은 수준의 책을 읽어라.

글쓰기는 사람이 자신의 마음과 생각을 정리하는 데 최고의 방법이라는 생각이 든다. 나도 글을 쓰면서 마음이 단단해지고 생각이 정연해진다. 글을 쓰는 건 나의 영혼을 마주하는 일이다. 그러면서 영혼을 단련하고 성장시키게 되지.

세상에는 책이 엄청 많고 또 매일 쏟아져 나온다. 그중에서 네 수준에 맞는 책이 무얼까 평소에 고민을 하다가 서점에 가서 주제나 내용을 잘 살펴보고 네가 읽으면 좋을 책을 고르렴.

수준에 맞는 책이다 싶으면 그냥 눈으로만 보지 말고 밑줄도 긋고 메모도 하면서 읽으렴. 너의 생각과 마음을 온전히 그 책에 쏟는 길이다. 독서를 통해 인풋과 아웃풋이 되려면 이렇게 하는 게 제일 좋다.

나는 책 맨 뒤 빈 지면에 글쓰기의 소재로 삼고픈 내용이 담긴 페이지의 쪽수를 기입해 놓거나 글 쓸 소재를 적어 놓기도 한다. 내가 쓰는 글 중에 많은 게 여기서 나온다.

물론 이에 앞서 집필과 생활은 일치되는 방향으로 계속 수준이 높아져야 한다는 사실!

나는 작가라고 하고 살아가지만 집필과 생활의 일치가 안 되면 작가라는 이름은 떼야 한다 생각한다. 집필과 생활의 일치를 위해 100%는 아니라도 전력투구해야겠지. 나만 보는 일기가 아니라 대중을 향한 글을 쓰려면 그 정도 자세는 되어 있어야 한다는 생각이 든다. 나 역시 이 점에 있어서는 늘 반성하고 개선해야 한다.

자기가 시도해 보고 변화해 보지 않은 사람이 쓴 글이 무슨 힘이 있을까. 진정성 있는 글을 쓰려면 진정성 있는 삶을 살아야겠지.

늘 부족하지만 내가 업으로 삼는 작가로서 가장 간절히 바라는 바다. 집필과 생활을 일치시키는 힘도 독서와 집필에서 많이 나온다. 그러니 수준 있게 읽고 수준 있게 써라. 책을 골랐다고 해서 그 책을 처음부터 끝까지 꼭 다 읽어야 하는 건 아니다. 잘 골랐다고 해도 막상 읽어 보면 책 안에 그저 그런 내용이 들어 있을 수도 있으니. 그때는 과감히 뛰어넘어 가면서 네게 필요한 내용만 보아도 된다. 요지를 알 수 있는데 너무 길게 쓰여 있으면 간단히 그 요지만 파악하고 넘어가도 좋다. 독서에는 이렇게 유연성과 융통성이 필요하다. 그런데 이런 유연성과 융통성은 독서를 계속 하면서 터득할 수 있는 것이다. 독서를 하면 할수록, 그리고 그 독서를 자양분 삼아 인생을 살면 살수록 독서에 대한 유연성과 융통성은 더욱 좋아지고 더 잘 발휘될 것이다.

둘째, 성장하고 싶은 수준의 이웃을 만나라.

친구든 선후배든 직장 동료든 이웃이든 다 포함해서 하는 얘기다. 다 이웃이니 이웃이라 통칭한 거야.

만나는 사람을 보면 그 사람 수준을 알 수 있다고 하잖니. 정말 맞는 말이다. 이 말은 나로 인해 내가 만나는 그 사람의 수준 또한 결정될 수 있다는 말이다. 서로서로 살아가는 수준을 높여 주어야 하는 까닭이다.

사람들과 지내 보면 진심을 나눈다는 게 정말 중요해 보인다. 진심을 나눌 때도 수준이 맞으면 좋겠지. 여기서 말하는 수준이 세상에서 통상 이야기하는 학력이나 재력, 권력 같은 데서 나오는 게 아닌 건 이미 잘 알고 있겠지.

여기서 말하는 인간의 수준은 곧 인격을 말한다. 인성의 수준이지. 사람들과 일을 해 봐도 인성이 관건이더라. 나도 인성을 키워야 해서 지금도 키우는 중이고. 부족함을 알기에 인성과 관련해 키워야 할 게 참 많다는 것을 매일 실감한다. 인격을 키우려면 배울 게 많은 사람을 만나는 것이 큰 도움이 될 것이다. 물론 상대방의 수준을 알려면 나의 수준부터 높여야겠지. 내 수준만큼 상대방을 볼 수 있을 테니.

셋째, 살고 싶은 수준으로 오늘을 살아라.

아이러니하게 들릴 수도 있겠다. 그러나 미래로 미루지 말고 우리가 희망하는 수준의 삶을 오늘 살고자 해야 할 것이다. 그래야 변화가 있지 않겠니. 그만큼 오늘을 소중히 여기고 살아간다는 의미도 되겠고.

이런 마음가짐으로 살아갈 때 어제보다 나은 오늘, 오늘보다 나은 내일을 실제로 살아가게 될 것이다.

글을 쓰다 보니 내가 오늘 그 수준으로 살았나 돌아보게 된다. 지금 저녁이거든.

아, 그래도 나 자신에게 비난보다는 칭찬을 해 주고 싶다. 수준이 높다고 말하기는 그렇지만, 그래도 괜찮게 보낸 하루 같다. 성실했고 감사했고. 내일은 이보다 더 성실하고, 더 감사하며 지내면 될 테고.

사랑하는 너희도 스스로 위로하고 격려하면서 네 인생의 수준, 즉 매일매일의 삶의 수준을 높여 나가길 바란다.

나이가 들면서 인간의 수준이 높아진다면 인간으로서 나이 듦의 의미와 가치를 우리가 잘 알게 되겠지.

난 이런 마음으로 오늘도 나의 하루, 너의 하루를 응원한다.

우리 수준 있게 살자.

서로 수준을 높여 주자.

기분이 나쁠 때는

알아야 한다. 모르면 알아내야 한다.

사람한테 기분 나쁜 건지, 내가 기분 나쁘게 생각해서 기분 나쁜 건지.

사람한테 기분 나빠하는 건 억울하거나 불합리할 때는 잠시 그런 마음이 들 수도 있지만, 계속 그 기분을 놔두는 것은 어리석은 일이다. 다른 사람에 의해 내 기분이 좌우되는 거니까.

중요한 것! 사람은 미워하지 말자. 그 사람이 한 일이 잘못되었다면 그 일에 대해서만 생각하면 될 일이다.

사람에 의해 기분이 나빠졌을 때는 일단 자신의 마음을 추스르고(심호흡을 하는 것이 도움이 많이 된다더구나) 그 상황이나 관계를 잘 풀어 나갈 수 있도록 숙고할 필요가 있겠지.

사람이 생각할 수 있는 두뇌를 가지고 있다는 것은 참 대단한 일이다. 생각하는 대로 살아갈 수 있으니 말이다.

알고 보면 사람들은 저마다 다른 생각으로 제각기 다른 인생을 살아가게 된다는 거지.

그러니 기분이 나쁠 때도 너의 생각을 잘 살펴보렴. 사람이란 게 순간적인 기분에 말려들어 계속해서 안 좋은 기분으로 더 안 좋게 상황을 만들어 버릴 수 있는 존재니까.

그러므로 우리 기분 나쁜 일이 있을 때는 조급해하지 말고 차분하게 생각해 보자.

최고의 습관은 정리

이제 12세, 7세(글 쓸 당시)인 너희가 "나중에 우리 결혼하기 전에 둘이서만 살 거야"라며 엄마 아빠에게 선언하듯 말할 때가 있다. 그때면 '우리 딸들이 벌써 이렇게 컸구나', '너희와 함께하지 않는 시간이 좀 더 늦게 왔으면……' 하며 만감이 교차한다. 그래도 아빠는, 너희가 스스로를 독립적으로 생각하고 둘이 즐겁게 지내며 사이가 좋아서 기쁘단다. 그것이 엄마 아빠에게는 최고의 행복이지.

너희가 만약 둘만의 공간, 그리고 각자의 공간을 갖게 된다면 그에 따른 책임도 따른단다. (이미 현재 우리 집에서 너희 둘은 각자의 공간이 있고 또 청소를 잘하고 있지. 스스로 하고 또 성실히 하는 모습을 보면 고맙고 기특하다.)

책임이라고 해서 부담을 가질 필요는 없다. 내가 활동하는 공간을 깨끗이 하고 질서정연하게 하는 것은 마음먹기에 따라 삶의 활력소이자 즐거움이 될 수 있으니. 청소하고, 깨끗이 하고,

질서정연하게 하고. 이런 걸 한마디로 '정리'라고 할 수 있겠지.

정리는 늘 작은 것부터 시작한다. 결코 어려운 게 아니다. 아빠가 가끔 너희에게 이야기하는 게 있잖니.

"서랍을 사용하면 서랍을 닫고 쓰레기가 나왔으면 쓰레기통에 버리고. 물건은 제자리에 갖다 놓고." 이런 기본부터 하는 거지. 정리 습관이 몸에 밴 사람은 정리를 즐거워하지, 어려워하지 않는다.

이렇게 기본이 되고 습관이 되어 있는 사람은 주변 환경에 대해서 좀 더 책임감을 갖게 된다. 우리가 각자의 공간이 있지만 함께 사용하는 공간이 매우 많잖니. 가정에서든 바깥에서든.

개인 공간 말고 공유 공간으로도 관심을 뻗게 되는 거지.

너희와 아파트 단지 안 놀이터에 가면 가끔 돌이나 나뭇가지가 아이들 노는 공간에 놓여 있는 걸 본다. 아이들 발에 걸릴까 치우곤 하는데 별것 아닌 것 같지만 이 작은 행동이 누군가에게는 도움이 될 수 있겠지. 그 면에서 보면 정리는 준비이기도 하고 예방이기도 하고 여러모로 유익이 된다.

최근에 <최고의 인테리어는 정리입니다>(정희숙 지음)라는 책이 나왔더구나. 평소에 '인생은 정리'라는 철학을 지니고 살아온 나의 눈에 확 들어오더구나. 2천 개의 집을 바꾼 정리 컨설턴트의 정리 노하우를 담은 책이다. 사람들이 정리하는 걸 힘들어하니 정리 컨설턴트라는 직업이 생겼을 텐데, 이 직업이 생긴 지는 이미 꽤 되었다.

이 책에 이런 내용이 있더구나.

"진짜 정리는 물건을 버리고 눈에 안 보이는 곳에 진열하는 것이 아니라 물건이 가야 할 곳을 정해주는 것"

결국 정리란 내가 사용을 잘하기 위해서 하는 거니까 이게 본질이겠지. 초등학생(이 글을 쓸 당시)인 첫째 딸에게는 이따금 "공부도 정리다", "노트 정리가 관건이다", "공부는 책상 정리부터가 시작이다" 같은 말을 해 주었지. 나에게 필요한 것이 무엇인지 알아야 공부도 시작이 되고 발전이 되니까.

결국 나의 '머리 속 정리'와 '노트 안 정리', '책상 위 정리'가 일치될 때 가장 공부가 잘되겠지. 이렇게 중요한 정리를 귀찮아하고 게을리하는 사람들이 있는데, 그러면 마음까지 복잡해진다. 마음이 복잡해서 정리를 안 하는 사람도 물론 많지. 평소 마음 정리를 잘해야 하는 까닭이다.

정리를 강박적으로 하는 건 좋지 않다. '인생 정리'라고 할 때 인생이라는 단어가 앞에 있듯이 인생 있고 정리 있는 것이다.

거꾸로 '정리 인생'은 정리를 위해서 사는 인생이니 잘못되어도 한참 잘못된 것이다.

중요한 것 제쳐 두고 정리에 골몰하는 건 스스로를 피곤하게 하는 일이다. 내 생활을 편하게 하기 위해 하는 것이 정리임을 잊지 말자.

건강한 육체 & 건전한 정리.

평안한 마음 & 건설적 정리.

이렇게 서로 조화를 이루면서 도움이 되어야 한다.

안 그래도 물건을 많이 소유하고, 많이 구매하는 시대인데 광고나 쇼핑몰에서는 끊임없이 소유욕과 구매욕을 부추긴다. 요새는 스마트폰을 종일 가지고 다니니 쇼핑에 대한 접근이 더 쉽고 빨라지고 그로 인해 쇼핑 횟수가 훨씬 더 잦아졌지.

필히 주의할 것이 있다. 무언가를 살 때, 가졌을 때 그때 그 쾌감을 얻으려고 하는 사람들이 속이 허한 경우가 많다. 내적으로 공허하면 외적인 것으로 향하는 법이니.

이런 소비사회에서는 가능한 한 물건을 구매하지 않는 것도 중요하고 현명한 방법이다. 품목별로 내게 꼭 필요한 물건만 사는 거지. 내가 갖고 있는 게 무엇이고, 내게 정말로 필요한 게 무엇인지 알려면 정리가 잘되어 있어야겠지. '정리의 선순환'이다.

크게 보면 인생 역시 정리다. 내가 나의 하루를 질서정연하게 살아가고 미래에 이룰 꿈들을 머릿속에, 가슴속에 정리해 두었다가 매일매일 실행에 옮기는 것이지. 과거도 실은 정리가 되어야지. 마음에 계속 어지럽고 불편하게 담아 두고 살면 짐이 되니까.

나는 업 중 하나가 편집인데, 편집도 결국 정리를 잘해 둔 사람이 잘하게 되어 있다. 아빠는 여전히 그 정리와 씨름 중이지. 가끔 귀찮고 힘들 때도 있지만, 보통은 즐겁고 생산적인 씨름이지.

정리를 하는 사람이라면 즐겁고 생산적인, 다음과 같은 고민을 하게 된다.

보다 효율적으로 정리할 수 있을까?
어질러지기 전에 정리해 둘 수 있는가?
매일 편하게 정리하려면?
정리해 둔 걸 잘 활용하려면?

정리 능력과 업무 능력은 비례하게 되어 있으니 나는 평생 정리하며 살 테다.

사람 관계도 정리가 필요하다. 나의 수준에 맞는 관계인지, 현재의 관계가 긍정적, 생산적으로 나아가고 있는지 정리를 하면서 관계를 맺어 나가야 한다.

좋은 관계는 더 발전시키고, 좋지 않은 관계는 대안을 모색하는 거지. 마음이 없는 물건이 아닌 마음이 있는 사람에 대한 것이니 훨씬 더 아주아주 신중해야겠지.

정리를 잘하려면 하나님이 창조하신 대자연의 질서를 떠올리면 좋다. 제자리에서 서로를 위해 제 역할을 하도록 창조되어 있는 그 조화로움과 질서정연함!

결국 우리가 정리를 잘하는 것도 나 잘되려고만 하는 게 아니라 서로 돕고 서로 유익이 되고자 함이지. 각자의 공간뿐 아니라 함께하는 공간에서도 정리를 잘해 보자꾸나.

- 사랑하는 마음 가득 담아. 아빠가.

P.S.
사전에서 '정리'를 찾아보니 정리에 대한 개념을 잡는 데 큰 도움이 되겠더구나. 찬찬히 읽고 그 의미를 새겨 보렴.

정리(整理)
「1」 흐트러지거나 혼란스러운 상태에 있는 것을 한데 모으거나 치워서 질서 있는 상태가 되게 함.
「2」 체계적으로 분류하고 종합함.
「3」 문제가 되거나 불필요한 것을 줄이거나 없애서 말끔하게 바로잡음.
「4」 다른 사람과의 관계를 지속하지 아니하고 끝냄.

만드는 삶

어른이 될수록 창조적인 일과는 거리가 멀어지는 수가 많다. 가능한 한 새로운 것에 도전해 보아야 하는 이유이지.

몇 살 때인지는 기억이 가물가물하지만 이 글을 쓰는 지금 일곱 살인 둘째 딸 나이만 할 때 같다. 일반 주택에 세 들어 살 때인데 집주인 할아버지가 마당에 나와서 나무를 자르고 다듬어 탁자 같은 걸 만들곤 하셨다. 자연스러운 나무 모양을 살린 탁자 같은 것 있잖니. 근사해 보였지.

나는 어려서부터 무얼 만들고 하지를 않아서 그런지 손재주가 없어도 너무 없었다. 중학생 때 아주 간단한 모양의 책꽂이를 만드는 시간이 있었는데, 어찌나 못 만들었던지 손재주 좋은 반 친구가 대신해 주었던 기억이 난다.

그런데 사람이 꼭 무얼 못하고 무얼 잘한다는 건 쉽게 판단할 일은 아닌 것 같다. 군 시절 이야기다. 사병의 마지막 계급인 병장 때였지. 나의 분대 하사님이 내가 손재주가 좋은지 어쩐

지도 모르면서 군대 입구 위병소에 놓을 신분증 꽂이를 만들어 달라는 거야. [아마도 내가 자주포(일종의 포를 쏘는 탱크 같은 거다) 정비병과 조종수 직책을 맡고 있던 터라 당연히 손재주가 좋은 줄 알았나 보다.]

한데 그냥 감으로 만드는데 잘 만들어지는 거야. 라인도 잘 맞고. 튀어나온 데도 없고. 못질도 잘되고. 위병소를 통과할 사람들의 신분증 몇 십 개를 꽂아야 하니 나름대로 꼼꼼하게 작업해야 하는 '주문품'인데 내가 만든 물건을 받아 든 그 '고객'은 아무런 불평 없이 '당연히 이 정도는 만들겠지. 예상했던 대로야' 하는 표정으로 물건을 받아 가져가더구나. 가끔 군대 입구 위병소를 지나갈 때 그 작품이 제 기능에 따라 사용되고 있는 걸 보면서 뿌듯해했단다.

사실 그 정도 공을 들여서 뭔가를 골똘히 만들어 본 것도 그때 이후론 거의 없었던 것 같다.

내가 이렇게 '만드는 인간'으로 살아오지를 않아서 너희가 많이 만들어 보기를 바랐다. 그래서 비즈, 뜨개질, 종이 입체 모형, 목걸이와 팔찌 등 만들기 놀이라든지 다양한 유형의 그림 그리기 책 같은 걸 사 주었지. 레고도 사 주고.

그런데 너희는 정말 잘 만들더구나. 나한테도 내가 제일 좋아하는 캐릭터인 스파이더맨으로 여러 가지 포즈의 비즈 작품을 만들어 주어서 일할 때 책상 앞에 놓아 두고 너희를 생각하며 기분 좋게 바라본단다. 어느 해의 내 생일에는 작은 스파이더맨이 큰 스파이더맨 로봇에 올라탄 레고를 깜짝으로 선물해 주어서 감동을 받았고.

너희는 그림도 잘 그린다. 자유롭게, 주도적으로, 즐겁게. 둘이 함께하기도 하고. 자유롭게 뭔가를 만들고 그리는 너희의 모습을 보면서 '사람이 본래 만들기 욕구를 가지고 있을 텐데' 하는 생각을 했다.

'도구의 인간'을 뜻하는 호모 파베르(Homo Faber)라는 용어가 있다. 인간이 본래 도구를 사용하고 제작할 줄 안다고 보는 것이지. 크게 보면 유무형의 도구뿐 아니라 자기 자신도 스스로 만들어 간다고 보는 관점에서 나온 용어란다.

아무튼 나는 '만드는 삶'에 대해 익숙해져야 한다는 생각이다. 현대사회는 기성품이 너무 많아 사람이 무얼 만들 기회가 별로 없다. 산중이나 산골에 들어가야 뚝딱뚝딱 이것저것 도구도 만들고 물건도 만들지.

그래도 자꾸 뭘 사기보단 내가 만들 수 있는 건 손수 만들어보는 게 좋겠다. 그때 사람의 손도, 머리도 쓰게 되니까. 상상력, 구성력, 인내력을 기를 수도 있겠지.

기성품이 득시글대는 소비사회에서 DIY(가정용품의 제작·수리·장식을 직접 하는 것. do-it-yourself의 약어)가 하나의 유행을 형성하는 것도 이 때문일 거야.

사람 사는 게 재미없어진 이유 중에 하나가 이 만드는 재미가 없어져서가 아닐까 싶다. 사람은 만들면서 즐거움을 느끼는데……

너희도 물건을 만들든, 그림을 그리든 자꾸만 창조적인 작업을 해 보렴. 그 자체가 내 맘대로 내 멋대로 하는 자유로운 작업인 데다 스스로 만든 것을 사용하고 감상할 수 있으니 좋고. 직접 만든 걸 선물해 주면 받는 사람 또한 굉장히 기쁘단다.

이미 너희는 어려서부터 그렇게 하고 있으니 나이가 든다고 해서 멈추지 말고 계속해서 스스로 만들어 보렴.

'만드는 삶이 풍요로운 삶'이라는 걸 더욱더 느끼게 될 거야.

꼭 대단한 것만이 발명은 아니니까 작은 것도 좋으니 만들 걸 찾고 만들어 보고 그 과정에서 행복을 많이 느끼렴.

P.S.

그러고 보니 너희 둘 다 요리에도 관심이 많잖아. 직접 이것저것 만들어도 봤고. 첫째는 탕후루와 뽑기도 하잖니. 요리도 만들기의 일종이지. 식재료가 만들기의 재료이고 음식이 만들기의 결과물. 더욱이 식재료의 조화로 맛을 내는 일이니 정말 재밌는 일이지. 건강을 위해서도 좋고, 나누어 먹어서도 좋고. 요리도 즐거운 만들기가 될 수 있다.

앎이 삶이 되니

사람들은 아는 대로 산다.
앎이 곧 삶이 되는 거지.

그러니 다음과 같이 생각하렴.

'내가 못 한다는 생각을 나는 못 한다.'
'내가 못 한다는 생각은 나는 할 줄 모른다.'

'나는 내가 할 수 있다는 생각만 할 수 있다.'
'나는 내가 할 수 있다는 생각만 할 줄 안다.'

우리는 나 자신이 할 수 있다는 사실만 안다.
그렇게 생각하며 살자.

'나는 할 수 있다.'고 생각하고 모든 일에 접근하면 일이 쉽게 풀린다. 기분도 좋다.

관계도 잘 풀린다.
나의 기분이 좋으니 상대방 기분도 좋게 할 테고, 그러면 당연히 관계가 잘 맺어지고 잘 이어지겠지.

나는 믿는다.
'언제나 너는 할 수 있다'고.
이 마음으로 너의 삶을 언제나 응원하고 지지한다.

뒤를 돌아보지 마라

시간은 앞을 향해 흘러간다.
인생도 앞을 향해 흘러간다.
그러니 뒤를 돌아보지 마라.

뒤를 돌아보지 않는다는 건
지금 이 순간순간을
확실하게 산다는 것.

인생은 후회하고
되새김질하며 살기엔
짧아도 너무 짧다.

순간순간을 즐겁게 살아라.
지금을 보람차게 살아라.

보람이 사람에게 주는
에너지가 매우 크더구나.

나는 뒤를 돌아보며
시간을 허비한 적이 많다.
인생 나침반이 없어서 그랬던 거야.
그래서 사람은 목적이 이끄는 삶을
살아야 하지.

실수할 수 있고, 잘못할 수 있다.
올바르게 사는 사람이라면
반성하고 고쳐서
앞을 향해 나아갈 것이다.

반성과 변화는 꼭 필요하다.
그래야 사람이 성장하지.
돌아보지 말라는 말이
반성과 변화마저
하지 말라는 소리는 아니다.

과거 일에 얽매이지 마라.
변명이나 자기합리화를
하는 사람들이 많이들 그런다.

과거는 지나갔고
현재가 우리 앞에 펼쳐져 있다.
잠깐잠깐 지나가는
지금 이 시간들이야말로
다신 안 올
진짜 나의 소중한 인생이다.

우리는 믿음과 사랑과 소망으로 산다.
그중에 제일은 사랑이지.
믿음과 사랑과 소망은 늘 직진한다.

사랑하는 너의 소중한
지금 이 순간을
온 맘 다해 응원한다.

표정이 감정을 지배한다

우리는 보통 '감정이 표정을 만든다'고 여긴다.

지난 30년간 연구 결과는 이런 선입견을 깬다.

'표정이 감정을 지배할 수 있다'는 것이다. 그것도 감정이 표정을 만드는 만큼 강력하게.

중년에 접어들어 나와 남의 인상을 많이 보게 된다.

인상은 과학이라는 말은 무시 못 할 말이다. 인생(人生)이 인상(人相)으로 그려지니까.

나도 인상을 좋게 하려고 웃을 일이 없어도 얼굴에 미소를 지어 본다. 입꼬리가 올라가고 광대도 올라간다.

어느 피부과 전문의의 유튜브 해설을 보니 이렇게 하는 건 동안의 비결도 된다는구나.

미간을 찌푸리고 입술도 다물고 있으면 얼굴이 쳐질 수밖에 없고 나이 들어 보이겠지.

물론 앞뒤가 바뀌어선 안 된다. 젊어 보이려고 그렇게 한다기보다 마음을 편히 해서 표정이 편해지다 보니 자연 젊어 보이는 것이다.

그 피부과 전문의는 우리가 하루에 20시간 입을 다물고 있다며 어금니에 닿게 입을 다물지 말고 하관에 힘을 빼고 '은' 발음을 해 보라고 하더구나. 미소 전 단계라고 할까. 언제나 미소를 발할 준비가 되어 있는 표정이다. 힘도 들어가 있지 않아서 편해지지. 이런 표정이면 멍해지는 것도 쉬울 것 같다.

최근에 이른바 '멍 때리기'의 필요성이 많이 회자되더구나. 쉬란 얘기겠지. 머리를 쉬게 해 주어야지. 머리를 쉬어 주어야 마음이 쉬게 되지. 머리가 아프면 마음도 아프다.

(최근에 5분 동안 아무것도 하지 않고 '휴식'을 취하는 것이 정신적으로 힘든 업무를 수행한 직후에 집중력과 뇌기능을 회복시켜 준다는 연구 결과가 나왔더구나. 이 연구에서는 멍 때리기를 '구조화되지 않은 휴식시간'으로 표현했더라. 쉽게 말해 아무것도 하지 않는 거지. 이 연구는 특히 SNS 미디어를 스크롤하는 것은 휴식으로 간주되지 않는다고 거듭 강조하고 있다.)

어쨌든 '표정이 감정을 지배한다'는 사실을 잊지 마라.

웃으면 복이 온다는 오랜 말은 진실임에 틀림없다.

우리, 얼굴 힘 빼고 웃자!

P.S.

몸은 각 부위가 상호작용하는 하나의 유기체라 얼굴에 힘을 빼면 다른 데도 힘을 빼게 될 거야. 머리든, 목이든, 어깨든 힘이 들어가면 탈이 나더라.
이렇게 되면 사람이 여유로워지기가 힘들지. 당연히 유연해지기도 힘들고.

그러니 우리, 얼굴 힘 빼고 웃자!
네가 언제나 평안하기를 아빠가 늘 간구한다.

평범하게 살자

눈에 잘 띄는 사람, 튀어 보이는 사람이 되고 싶을 때가 있다. 사람들의 뭇시선을 집중시키고, 인기를 한 몸에 받고 싶은 거지.

이런 걸 욕심 중에서도 명예욕이라고 할 수 있을 거야. 내 이름 석 자 날리는 게 삶의 목적인 사람들이지.

그런데 평범하게 사는 것이 최고다. 오히려 평범하게 사는 게 어렵다고 할 정도지.

많은 사람들이 튀어 보이고 싶어 하니 도리어 평범하게 살려고 하는 게 특이해 보이게 된 거지.

인플루언서(influencer)라고 하지. SNS로 영향력을 행사하는 이들 말이야. 이 중에는 유익한 인플루엔서도 있지만, 무익한 인플루엔서도 있다. 말이 '무익'이지 '유해'라고 해야 맞을 거다.

텍스트에서 동영상으로 콘텐츠의 무게 중심이 이동하면서 이런 현상은 더욱 심해졌다. 유튜브를 보면 잘 알 수 있지.

나는 삶에 별 의미도 없는 자극적이거나 흥미 위주의 동영상을 왜 아까운 시간을 허비하며 만들고 보는지 모르겠다. 먹방 같은 게 대표적이지. 감사하며 복 있게 먹는 건 좋지만, 먹는 것이 사는 것의 메인이 될 순 없지. 우리는 먹기 위해 사는 게 아니라 살기 위해 먹는 거니까.

대개 젊은이들이 그런 걸 만들 텐데, 젊을 때는 시간 아까운 줄 몰라서 그런다 쳐도, 굳이 그런 저급하고 유해한 콘텐츠를 뭐 하러 보는지 보는 사람들(거기에 구독까지)도 이해하기 어렵다.

안타깝고 속상한 일이다. 그런 저급하고 유해한 콘텐츠를 만드는 일을 업으로 삼은 사람이나 그걸 봐 주는 사람이나 매한가지다. 서로 수준을 낮춰 가며 사는 일이다.

이런 저급하고 유해한 콘텐츠를 보면 어떠니? 그들은 평범함은 거부한다. 특이해야 하는 걸 넘어 이상해야 한다. 이상한 것도 넘어 엽기적으로 되기도 한다. 그러면 인플루언서가 된다니! 영향을 끼치는 사람이라는 인플루언서의 본래 의미가 막무가내로 사용되는 모양새구나.

아빠 시대의 방송인인데 지금도 활동 중인 분이다. 이금희 아나운서. 초대 손님들을 안방처럼 따뜻한 분위기로 감싸 주고 한 명 한 명에게 따스한 시선을 보내 준다. 필요한 질문만 던지고 나머지 시간에는 마음 담아 경청을 한다. 고개를 끄덕이고 눈을 맞춰 주면서 말이야.

이금희 아나운서의 말이다.

"방송진행자(MC)는 주연의 자리에 서 있는 조연 연기자와
같다. 프로그램에서 주인공은 출연자나 프로그램 내용이
다. 즉 MC란 말을 잘하는 사람이 아니라 말을 잘하도록 도
와주는 사람이어야 한다."

평범하다는 것은 '겸손'과 '성실'이라는 두 단어로 대치할 수
있지 않을까.

평범하다는 것은 단지 돈이 많고 적음, 명예가 높고 낮음으로
따질 바가 아니다.

돈이 많거나 명예가 높다고 평범하게 살지 못하는 것은 아니
니까.

평범함은 분별력이나 지혜로움에서 나오는 걸 거야. 내가 가
진 것을 나를 위해서만 쓰는 사람은 인생에 대한 분별력이 적
은 거지. 인생은 늘 함께하는 거잖니. 혼자서 살아갈 수 있는 사
람은 아무도 없다. 결국 평범함은 '함께의 가치'를 아는 것과 직
결되는구나.

평범함은 또한 가장 중요한 것의 가치와 의미를 아는 거란다.
바깥사람들에게 인정받기보다 내 가족을 사랑하는 일에 힘을

쏟는 거지.

타인에게 인정받기 위해서가 아니라 나 자신의 재능을 사회에 기꺼이 제공한다는 마음으로 공부하고 일하는 거야. 단지 돈을 벌기 위해서가 아니라 오늘 하루 성실하게 살며 보람찬 매일을 만들어 나가는 거지.

알고 보면 평범함은 그래서 늘 작은 것부터 시작한다. 작은 좋은 습관, 작은 좋은 대화, 작은 좋은 표정, 작은 좋은 시간, 작은 좋은 공부, 작은 좋은 업무 등등.

그래! 평범함은 '좋은 거'다! 그리고 평범함이 곧 특별함이다. 우리는 누구나 특별하다. 누구 하나 빠짐없이 전부 다 다르잖니. 저마다 외모와 성향과 재능이 다르다. 입장도 환경도 모두 다 다르다. 이 모든 차이에 대해 결코 차별할 일이 아니다. 다름을 이해하고 인정하고 함께하는 것이지.

나이가 들수록 평범함의 소중함을 깨닫게 되더라. '인생 별거 없다'는 말은 평범함이 소중하다는 의미하에서 사용한다면 정말 맞는 말이다.

평범하게 산다는 건 그래서 힘 빼고 산다는 거다. 나를 드러내려고 하면 목과 어깨, 아니 몸 전체에 힘이 쫙 들어가지. 그럴 필요 없다. 힘 쫙 빼고 살자.

살아 보니 힘 주고 살 일이 없더라. 일할 때도, 사람을 만날 때도.

삶이 그렇다. 힘 주면 힘들고, 힘 빼면 힘들지 않다.

평범하게 살자. 그게 복이다.

특별한 너의 평범한 삶을 응원한다.

두려움 없이 산다

나는 나 자신에게 증명할 게 많다. 그중 하나는 내가 두려움 없이 인생을 살 수 있다는 것이다.

- 오프라 윈프리

두려움은 인생길을 가로막는다.
'네가 무엇을 할 수 있느냐.'며 훼방을 놓으면서 말이지.

사랑 안에 두려움이 없고 온전한 사랑이 두려움을 내어쫓나니 두려움에는 형벌이 있음이라 두려워하는 자는 사랑 안에서 온전히 이루지 못하였느니라

- 성경 요한일서 4장 18절

두려워하면 사랑을 제대로 할 수가 없다.
그런데 왜 두려울까?

나 자신이 해함을 입을까 봐, 나 자신이 상처를 받을까 봐, 나 자신이 무엇을 할 수 없을까 봐 등등. 다 나로부터 시작된다. 나를 중심으로 타인에 대한 두려움, 상황에 대한 두려움이 몰려오지.

두려움으로 인해 인간과 인간관계는 위축되고 왜곡된다. 두려움으로 인해 사람끼리 멀어지고 미워하게 되지.

나는 나 자신에게 증명할 게 많다. 그중 하나는 내가 두려움 없이 인생을 살 수 있다는 것이다.

- 오프라 윈프리

오프라 윈프리의 이 말을 다시 보렴. 당당하지 않니? 담대하지 않니? 단단하지 않니? 나는 우리가 이렇게 두려움 없이 인생을 살기를 바란다. 스스로에게 그것을 증명해 보이면서 당차게 살아가기를 바란다.

두려움은 허상이다. 두려움은 진실을, 현실을 마주하지 못하게 한다. 진실과 현실을 목도하는 것과 두려워하는 것은 차원이 다르다.

우리는 사랑으로 진실을, 현실을 대해야 한다. 이때부터 비로소 나 자신이 성장하고, 가족과 이웃과 더불어 성장해 나가게 된다.

두려움을 좇던 자아는 거짓된 자아다.

참된 자아는 사랑을 추구한다. 아니, 지금 사랑을 행한다.

우리에게는 사랑을 행할 사명이 있다. 특히 아프고 힘겨운 이들에게 사랑을 전하는 것이겠지.

사랑만이 살아 있는 것이다. 그것만이 생명이다. 우리, 자기 자신과 가족과 이웃을 사랑하자. 오직 사랑뿐이다.

눈에 보이는 것과 눈에 보이지 않는 것

양면을 볼 줄
알아야 보인다.

특히 이면을 볼 줄
알아야 한다.

앞면만 보니까
이해가 안 된다.

단면만 보니까
발전이 안 된다.

눈에 보이는 것과
눈에 보이지 않는 것

나의 입장과
그의 입장

내면과 외면
남자와 여자
지구와 우주
나무와 숲

이것들이 결국 하나인 것을 알면
나를 보는 눈이 달라진다.

인생을 보는 눈이
달라진다.

새로운 나로
새로운 세상을 살고
새로운 인생을 산다.

술이 웬수?

악마는 누군가를 항상 찾아다니는데, 너무도 바쁠 때에는 자신의 대리로 술을 보낸다.

<탈무드>

"술이 웬수"라는 말이 있다.

사람들이 술 먹고 사고 치는 경우가 하도 많아서 이 말은 참 자주 쓰인다. 술 한 잔으로 시작했다가 패가망신하기까지 한다.

술은 해악이 참 많은데, 술 자체가 잘못이겠니. 술을 과하게 먹고 취하여 이성을 잃고 사고를 치는 사람이 잘못이지. 과음을 하게 되면 자신의 정신을 챙기지 못하니 온갖 사고가 발생한다.

세상에서 일어나는 사고 중 다수가 과음에서 비롯된 것이다. 그러니 과음, 폭음을 하는 자리에는 가지 않는 것이 좋고, 누군가 모임 중간에 과음, 폭음을 하면 이제 일어날 시간이 된 것이다.

술에 대해선 긴말이 필요 없다. 과음은 금물이다. 분위기상

먹고자 한다면 한 잔, 정말 많아야 두 잔이 적당하다.

P.S.

술을 누구와 먹느냐가 굉장히 중요하다. 인성이 좋은 사람, 자제가 되는 사람과만 먹어야 할 것이다. 친구를 보면 그 사람을 알 수 있다는 말, 잊지 말자.
또 한 잔이 두 잔 되고 두 잔이 세 잔 되고 결국 자신을 삼켜 버리게 된다는 것도 잊지 말자. 과음하면 자제력이 없어지니까. 제일 좋은 건 가족끼리 기념일이나 파티 때 가볍게 한 잔 하는 정도일 것이다.

"의인의 입은 생명의 샘"

거짓말

특별한 경우라면 거짓말도 용서받을 수 있을까?

<탈무드>에 따르면 다음과 같은 두 가지 경우에는 거짓말을 하라고 했다.

첫째, 누구든 이미 사버린 물건에 대해 의견을 물어올 때 설령 그 물건이 별로 좋지 않은 것이라 할지라도 좋다고 거짓말을 해야 한다.

둘째, 친구가 결혼했을 때 비록 신부가 뛰어난 미인이 아닐지라도 반드시 굉장한 미인이라고 말하며 행복을 기원해야 한다.

- <탈무드>, 강미경 역, 느낌이있는책

두 거짓말의 공통점은 무엇일까? 상대방이 이미 택한 것에 대해 축복을 해 주는 것이다. "좋다", "뛰어나다"고 말해서 기분 좋게 해 주는 것이다.

이런 말센스는 자기 자신에 대해서도 발휘하는 게 좋겠지. 내가 택한 사람, 내가 택한 사물에 대해서 그저 감사하게 생각하는 것이다. 아껴 주는 것이다.

말센스는 따지고 보면 인생 센스다. 말을 선하게 사용하는 것이 참된 말센스일 것이다.

> 의인의 입은 생명의 샘이라도 악인의 입은 독을 머금었느니라
>
> － 성경 잠언 10장 11절

> 독사의 자식들아 너희는 악하니 어떻게 선한 말을 할 수 있느냐 이는 마음에 가득한 것을 입으로 말함이라 선한 사람은 그 쌓은 선에서 선한 것을 내고 악한 사람은 그 쌓은 악에서 악한 것을 내느니라
>
> － 성경 마태복음 12장 34~35절

이성(異性)에 대한 마음을 열자

너희는 남녀공학 초·중·고등학교에 다니게 될 테니(이 글을 쓰는 현재 첫째는 중2고 남녀공학 학교에 다니고 있지. 둘째는 초등학교 3학년이고 초등학교는 당연히 남녀공학이고) 다행이라 생각한다.

나의 경우는 다녔던 중·고등학교가 남중, 남고라서 많이 경험하여 익혀야 하는 청소년 시절에 여성과의 소통과 관계가 매우 적었다. 고등학교에서는 남자 선생님들만 있어서 매점과 식당에만 여성이 있을 정도였다.

학생 때는 동성끼리 많이 어울려 다니겠지만, 또 그것이 자연스럽고 잘못된 것이 아니지만, 이성에 대해서도 마음을 열면서 학교생활을 하면 좋겠다.

남성과 여성은 조화를 이루며 사는 소중한 존재들인데, 남성과 여성의 차이점과 공통점을 알아가는 것이 매우 중요하지.

남성들 사이, 여성들 사이에도 제각기 다른 개인의 특성들이 많으니 여러 유형의 이성(異性)의 사람들과 대화를 나누어 보면 좋겠구나. 배울 게 많을 거다.

학교에서, 가정에서, 사회에서, 세계에서 이러한 배움은 정말 중요한 것이다.

남성인 나는 여전히 여성에 대해 잘 모르는 것 같다. 감사하게도 아내와 두 딸, 이 세 명의 여성과 매일 소통하고 관계할 충분한 기회가 내게 주어져 있으니 어제보다 오늘 더 여성을 알기를 원한다. 서로를 이해하는 만큼 우리는 더 잘 소통하고 관계할 수 있으니. 사람(人)과 사람 사이(間)에서 살아가는 인간(人間)인 우리에게 공감은 평생 공부 거리다.

하늘을 보렴

땅만 보고
살지 말자.

가끔,
아니 자주
하늘을 보자.

우리는 작은 존재지만
세상은 광대하지.

작지만 소중한 존재인 우리에게
펼쳐진 이 신비의 세계.

그 세계의 아름다움을
놓치지 말고 살자.

인내 또 인내

내가 갖고 싶은 능력이기도 하다.
내가 갖고 싶은 품성이기도 하고.

끝까지 마무리하는 능력.
끝까지 책임지는 것.
끝까지 아름다운 사람.

모든 일에 맺고 끊음이 있다.
시작이 반이라지만 끝까지 가려면
인내심이 필요하다.

유종(有終)의 미(美)라고 하지.

한번 시작한 일을 끝까지 잘하여 맺게 되는 좋은 결과를 말
한다.

인생이 그렇지. 앞뒤 따지지 않고 그저 태어난 김에 그냥저냥 살아가는 것이 아니라, 이 땅에 빛과 소금이 될 하나의 귀한 존재로 태어났으므로 이 땅에서의 삶이 다하는 날까지 자신만의 아름다움을 유지, 발전시켜 가며 살아가는 것이다.

아름다움이란 무엇일까. 한 편의 시를 너와 나누고 싶구나.

배우 오드리 햅번이 좋아했으며 스스로 그 내용을 실천하며 살고자 했다는 시다. 남성, 여성 가릴 것 없이 '사람의 참된 아름다움'을 위한 시로 들리는구나.

<u>Time Tested Beauty Tips</u>
<u>세월이 일러 주는 아름다움의 비결</u>

by Sam Levenson
- 샘 레빈슨

For attractive lips, speak words of kindness.
매력적인 입술을 가지고 싶다면 친절한 말을 하세요.

For lovely eyes, seek out the good in people.
사랑스러운 눈을 갖고 싶다면 사람들에게서 좋은 점을 찾아내세요.

For a slim figure, share your food with the hungry.
날씬한 몸매를 원한다면 배고픈 사람들과 음식을 나누세요.

For beautiful hair, let a child run his fingers through it once a day.
아름다운 머릿결을 지니고 싶다면 하루에 한 번 어린아이가 당신의 머리를 쓰다듬게 하세요.

For poise, walk with the knowledge you'll never walk alone.
침착함과 균형감 있는 자세를 원한다면 당신이 절대로 홀로 걷고 있지 않다는 것을 알고 걷도록 해요.

People, even more than things, have to be restored, renewed,
사람은 무엇보다도 회복되어야 하고, 새로워져야 하며,

revived, reclaimed, and redeemed and redeemed .
소생되어야 하고, 옳은 길로 인도함을 받아야 하며, 죄악으로부터 구원받아야 해요.

Never throw out anybody.
어느 누구도 버리지 마세요.

Remember, if you ever need a helping hand, you'll find one at the end of your arm.
기억하세요. 만약 당신이 도움의 손길이 필요하다면 당신의 팔 끝에서 손 하나를 찾을 수 있을 거예요.

As you grow older you will discover that you have two hands.
나이가 들면서 당신은 자신의 손이 두 개임을 발견하게 될 것이고요.

One for helping yourself, the other for helping others.
한 손으로는 내 자신을 돕고, 다른 한 손으로는 남을 돕습니다.

The beauty of a woman is not in the clothes she wears, the figure that she carries, or the way she combs her hair.
여인의 아름다움은 입고 있는 옷이나 모습, 머리 빗는 방식에 있지 않아요.

The beauty of a woman must be seen from in her eyes,
여인의 아름다움은 그녀의 눈에서 보여야만 해요.

because that is the doorway to her heart, the place where love resides.
왜냐하면 그 눈이 바로 그녀의 마음으로 가는 출입구이고, 그 마음 이 바로 사랑이 깃든 곳이기 때문이지요.

The beauty of a woman is not in a facial mole,
여인의 아름다움은 얼굴의 매력점에 있는 것이 아니에요.

but true beauty in a woman is reflected in her soul.
여인에게 있어 진정한 아름다움은 그녀의 영혼에서 나타납니다.

It is the caring that she lovingly gives, the passion that she shows,
그것은 그녀가 다정하게 베푸는 보살핌, 그녀가 보여 주는 열정,

and the beauty of a woman with passing years only grows!
세월이 지날수록 성장하는 여성의 아름다움이지요.

'다정함'에 대한 책들이 요사이 등장하는 것을 본다. 다정한 사람이 되기를 원하고, 다정한 사람을 만나길 원한다.

다정하다(多情하다)
정이 많다. 또는 정분이 두텁다.

다정함이란 정이 많은 것이구나. 달리 표현하자면 마음 씀씀이가 넓은 것이다.

다정한 사람은 친절하다. 배려한다. 베푼다. 나눈다.

우리 손이 두 개인 이유가 위 시에 잘 나타나 있구나. 한 손은 날 위해, 다른 한 손은 다른 이들을 위해 사용하는 것이고.

회복되어야 하는 사람, 구원받아야 하는 사람을 위해 손을 사용하는 거라고 하는구나.

정 많게 손길을 많이 내밀어 주는 사람이 되어야겠다.

나 자신을 아껴 주고 성숙하게 하는 것도 잊지 말고.

에필로그

너의 인생편지를 기대하며

이 아빠의 47년 인생을 돌아보면 부끄럽기 그지없다. 방황의 시기도 매우 길었고 자신감은 턱없이 부족했다. 해낸 것도, 이룬 것도 별로 없는 현재의 나.

목적과 목표가 없었던 그 많은 시절이 쏜살같이 지나가고 어느덧 중년의 후반부를 향해 달려가고 있구나.

여전히 나는 내가 어른이기 위해 분투해야 하는데, 이런 부족하기 그지없는 내가 자녀에게 인생에 대한 조언을 해 줄 수 있을까.

이러한 행위 역시 너무나 부끄럽고 창피한 일이지만, 내가 잘못 산 것을 통해서라도 너희가 삶에 도움을 받도록 해 주고 싶구나. 이것이 부족한 아빠가 해 주고 싶은 또 다른 사랑의 방식이라 여겨 준다면 고맙겠구나.

가족은 인간의 면면이 고스란히 드러나는 사이다. 참으로 가깝고도 가까운 사이지. 잘한다면 정말로 잘할 게 많은 기회의 땅이 가정이고, 못 한다면 정말로 참담할 정도로 비참한 땅이 되고 말 곳이 또한 가정이다.

나는 꿈을 늦게 찾았고 관계도 뒤늦게서야 조금씩 알고 해 나가게 되었다. 성품을 다듬어 가는 것도 중요한 과제인 사람이지.

이미 글을 읽으며 느꼈겠지만 여기에 쓴 글은 사실 나 자신에게 해 주고 싶은 말, 나 자신 스스로 하고 싶은 다짐과 도전이다.

인생에 주어지는 삶은 한 번뿐이니 그럴 일은 없겠지만, 내가 만약 과거로 돌아간다면 이 책에 쓴 대로 살고 싶다.

그러나 늦었다고 생각하는 것만큼 자기 인생에 대해 무책임한 삶도 없다고 생각한다.

인생은 짧지만, 깨달아 변화한 사람의 하루는 옛 사람의 하루와는 전혀 다르게 사용될 것이다. 나에게는 이런 결연함이 필요할 것이다.

공자의 말이다.

나는 나이 열다섯에 학문에 뜻을 두었고(吾十有五而志于學), 서른에 뜻이 확고하게 섰으며(三十而立), 마흔에는 미혹되지 않았고(四十而不惑), 쉰에는 하늘의 명을 깨달아 알게 되었으며(五十而知天命), 예순에는 남의 말을 듣기만 하

면 곧 그 이치를 깨달아 이해하게 되었고(六十而耳順), 일

흔이 되어서는 무엇이든 하고 싶은 대로 해도 법도에 어긋

나지 않았다(七十而從心所欲 不踰矩).

참으로 각각의 나이대에 걸맞은 바람직한 인생 수준의 변화
를 잘 담아낸 말이라는 생각이 든다. 너희 나이대에 맞게 이 말
들을 마음에 품고 삶으로 살아 보렴.

나는 지천명(知天命)이 코 앞인데 아직도 땅을 많이 보고 다
니고, 그러면서 많이 헤매고 다닌다. 많이 반성하고 개선해야
한다는 이야기지. 하지만 이렇게 스스로 자기 수준을 매겨 볼
줄 알아야 삶이 개선되어 나갈 거야.

이 책은 나에게는 중요한 계기가 될 것 같구나. 작가라고 이
책 저 책을 썼지만 결국 부모로서, 한 인간으로서 자녀에게 전
해 줄 글을 쓰는 것은 곧 부모 스스로 인격자이기를 요구하는
듯하구나.

앞으로 나의 삶이 이 책의 메시지들을 담아내기를 바라게
된다.

곧은 시선과 바른 행위.

이 책이 내게 이 말을 살라고 하는구나.

부디 이 책의 메시지들이 너의 삶, 나의 삶이 되길.

우리 그렇게 살아 보자. 그렇게 성장해 함께 돕고 기쁨을 나누자.

- 사랑으로, 아빠가

네 나이에 알았더라면 인생이 달라졌을 거야
사랑하는 자녀에게 꼭 전해 주고 싶은 부모의 인생편지

초판 1쇄 발행 2023년 12월 5일
지은이 | 정민규(루카스 제이 Lukas Christian Jay)
발행인 | 정민규
편 집 | 정민규
디자인 | 남경지
발행처 | 또또규리
출판등록 | 2020년 7월 1일 (제409-2020-000031호)
이메일 | aiminlove@naver.com
유튜브 | @ttottokyuri
인스타 | @ttottokyuri
홈페이지 | https://blog.naver.com/ttottokyuri

ISBN 979-11-92589-66-4 (03190)